清代大国手

江铸久 芮乃伟 姚萱 著

江声久 赵 鹏 陈前琇 译

山西出版传媒集团

书海出版社

图书在版编目（CIP）数据

清代大国手 / 江铸久，芮乃伟，姚萱著；江声久，
赵鹏，陈前琇译. —2 版. —太原：书海出版社，
2024. — ISBN 978-7-5571-0140-4

Ⅰ. K825.47

中国国家版本馆 CIP 数据核字第 2024XU5718 号

清代大国手

著　　者：江铸久　芮乃伟　姚　萱
译　　者：江声久　赵　鹏　陈前琇
责任编辑：张　洁
执行编辑：侯天祥
助理编辑：王逸雪
复　　审：崔人杰
终　　审：梁晋华
装帧设计：谢　成

出 版 者：山西出版传媒集团·书海出版社
地　　址：太原市建设南路 21 号
邮　　编：030012
发行营销：0351 - 4922220　4955996　4956039　4922127（传真）
天猫官网：https://sxrmcbs.tmall.com　电话：0351 - 4922159
E — mail：sxskcb@163.com　发行部
　　　　　sxskcb@126.com　总编室
网　　址：www.sxskcb.com

经 销 者：山西出版传媒集团·书海出版社
承 印 厂：山西出版传媒集团·山西新华印业有限公司

开　　本：720mm × 1020mm　　1/16
印　　张：8.5
字　　数：130 千字
版　　次：2024 年 8 月　第 2 版
印　　次：2024 年 8 月　第 1 次印刷
书　　号：ISBN 978-7-5571-0140-4
定　　价：39.00 元

如有印装质量问题请与本社联系调换

自 序

90年代中期我住在东京。有空时我会到神田旧书庙街去转悠。在那里，常常能够碰到日本的古谱，如《御城棋》、《秀荣全集》等。有些很旧了，但是干干净净地陈列在旧书店的架子上。一般的旧书价格都比原价低，只有棋书是例外，绝大多数都高于原价，有的甚至是好几倍。这些古谱记载了日本四百多年来的精彩棋局和棋史。其中，由濑越宪作老师解说的《御城棋》是线装本，内容丰富，装帧考究，极具收藏价值。

对比之下，我们对古谱的整理研究和出版远远落在了后面。因此，外面世界很少有人知道，中国围棋也曾有过辉煌时期。

在上世纪七八十年代，自己常常听好友、职业棋手出身的围棋史专家赵之云老师讲述那些围棋历史。赵老师家学渊源，治学严谨，是我国最好的围棋历史专家。那些谈话让自己受益匪浅。赵老师当年的一个梦想，是期待着我们国家能出版资料丰富、考证详实的围棋历史文化书籍。

日本棋院《棋道》原编辑长大岛正雄先生，对中国围棋文化有兴趣，鼓动我对中国清代有名的棋手做研究，解说他们的棋局并发表。在大岛先生的大力说合下，一向重视围棋文化研究的日本诚文堂出版社，在其主办的《围棋》月刊中特辟专栏，推出了名为《清代大国手》的专题连载，由我解说，大岛先生记录整理，自1997年1月至1998年10月，

1

近两年内每月刊出一期（后两个月是请别人介绍琉球棋艺）。专题连载期间，读者的反响很好。有读者写信来说，原来中国围棋是有过辉煌历史的啊……

新的世纪我和乃伟到韩国下棋之后，韩国棋院的《围棋月刊》杂志看中了这批稿件。经修改后，连载一年。反响依然很好，有位读者还来信，指出了解说中的一个技术性问题。

书海出版社近年来有系统地出版了一大批围棋书籍。在目前图书市场受网络冲击严重的情况之下，旗帜鲜明地以中国的传统文化——围棋为主题，创立了自己独特的有价值的品牌，也带动了新一轮的围棋图书的热销。

感谢山西的书海出版社。感谢姚萱协助工作。感谢江声久、陈前琇两位老师的翻译整理工作。

目 录

1

关于《寄青霞馆弈选》

　　在日清停战条约签订两年之后的 1897 年（明治三十年），即清光绪二十三年，《寄青霞馆弈选》全十六卷（正八卷、续八卷）问世了。自十七世纪初的"明末清初"直至清末止，活跃于这期间的具有代表性的棋手全数收罗其中，的确是一部庞大的实战谱集。

　　我对《寄青霞馆弈选》的关心由来已久，不过一直感觉，这是本难得轻易一睹的棋书。大约在四五年前，我终于见到原本啦！

　　这里，首先就《寄青霞馆弈选》是怎样的一部棋书，做一个概括性的介绍。

　　《寄青霞馆弈选》内一共收录了八百四十八局棋谱，计有五百八十局分先对局谱、七局定先对局谱、一百七十七局受二子对局谱、五十七局受三子对局谱、二十七局受四子对局谱。除此之外，还收集了由大国手研究、创作的典型的分先局与受子棋（局），并且，在《续八卷》的第八卷中，还涉及了《日本弈谱》与《琉球弈谱》。

　　在第一卷的卷头处，记录着本书的编集主管是仁和县（杭州市）的王存善，编集则有南丰（江西省南城县）的谭其文与无锡的徐文渊。按照中国传统的基本出版模式来看的话，王应是出版资金的提供者，谭与徐则承担具体的编集工作。不过，或许是发生了什么事吧，《续八卷》

1

则只有谭一人担任编集了，徐的名字不见了。

那么，书名的由来呢？大概是作为从事遴选与编集棋局（对局、棋谱）的场所，本是王存善的名为"寄青霞馆"的书斋或府邸，因而赋以《寄青霞馆弈选》这一颇具象征意味的名称吧。清代出版棋书往往不计成本，总是想方设法四处筹资。而且，从第一卷的序文或《采用谱目（录）》中所叙来看，采用的棋谱选自四十五册棋书，其选用标准之严苛，可见一斑。

在中国，自古代直至"清末民初"，对局一直采用的是"互先座子制"。如图1那样，先在右上与左下的星位各放置一枚黑子，在左上与右下的星位各放置一枚白子，之后由白方着子，开始对局。受子棋的场合，

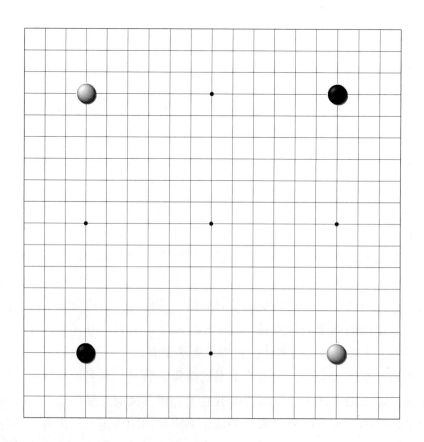

图1

例如让二子局，则与现代相同，在移去两枚白子的状态下，由白方先行。

可是根据推断，围棋是经由朝鲜半岛，于四世纪、五世纪传至日本的。是否有可能在传来时，便实行的是"互先座子制"的中国下法呢？这一问题时至今日也未明确。明确的仅是，在第一代本因坊算砂活跃的十七世纪初，实行的并不是如图1那样的"互先座子制"。

日本围棋，据说便是因为采用的是自由棋法，而非"互先座子制"，才获得了飞跃的发展。

如果从盘上多样性的视点来看，自由棋法的确占优。不过，令人不可思议的是自十七世纪初，不单单是日本围棋，而且在中国与朝鲜，围棋也都得到了极大的普及。由于至今尚未发现十九世纪初以前的韩国棋谱资料，故当时的朝鲜棋力究竟如何，难以评判。但是，在同一时期的中国，棋力也同样获得了迅速的提高。或许，围棋爱好者的增加与顶尖棋士实力的提升，与生产力的发展及社会的安定是密切相关的吧！

无论怎样，或许是偶然的巧合吧，反正在几乎与日本的道策同一时期，中国的超天才也横空出世了。"若日中的超级天才正面相抗，结果如何"之类的揣测虽是题外话，但是我们原则上将依时间顺序，为诸位介绍《寄青霞馆弈选》中收录的"明末清初"时期具有代表性的国手们。

关于中国规则—1

《寄青霞馆弈选》将活跃于中国清朝时代的棋士们悉数收罗其中，全部十六卷，实为一部庞大的实战谱集。在时间上，其与《御城碁谱》几乎重叠。尽管存在国情上的差异，但是被视之为国手的名家棋谱，均被收录在里面了。

以下，将按照自"明末清初"开始的时间顺序，逐次介绍《寄青霞馆弈选》中收录的国手们及他们的棋谱。不过，由于中国与日本之间存在着的种种差异，例如规则、自由棋法与互先座子制、有没有"还棋头"的要求等等，而普通读者对这些了解非常的有限——中国的对局采用怎样的规则？这些规则随时代是如何变迁的？所以在介绍一众国手之前，先就这些问题做一说明吧！

对于了解中国的规则，《忘忧清乐集》是一部重要的棋书。这部著作是奉北宋的那位"艺术家"皇帝徽宗的诏命，由棋待诏（皇帝的御用棋士）李逸民编撰，于1127年初建的南宋开始付印发行，是迄今世界上现存的最早的棋书。《忘忧清乐集》中收录了十八局采用"互先座子制"规则的棋谱，其中的四局棋谱直至终局。而且，在棋谱的栏外还添加了相关的文字，这样便使得读者能够正确地理解，当时使用的是怎样的着手，采用的是怎样的规则来判定胜负的。首先，由四局记录完整的棋谱中选

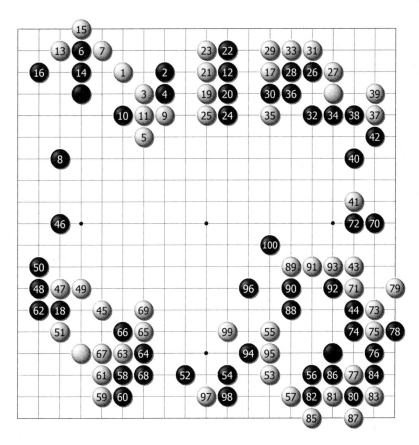

第 1 局·第 1 谱（1–100）

取两局，看看当时采用的是怎样的规则，并罗列出相关的特点。

（1）实行黑白双方先在对角星位上各放两子，然后再开始对局的互先座子制。

（2）白方先行（也有由黑方先行的棋谱，此类场合多为君臣、父子、上手与下手对弈时，位尊者执白时所谓"恕黑先"的例外）。

（3）胜负的判定与现在的日本规则几乎相同，占地多者胜。

（4）采用"还棋头"的规则。

四条规则中，（3）在"明末清初"的十七世纪初，由以"占地多少"改变为以"盘上存活下的棋子多少"来判定胜负，（1）、（2）、（4）则一直实行至"清末民国初年"。

第一局是唐棋待诏"阎景实与顾师言"的对局，使用的是互先座子制，由执白的阎景实先行。在由讲谈社发行的《忘忧清乐集》中，吴清源九段评解第一谱："右上角的白35一手，体现了当时的棋力水准之高；相对而言，右边的白41，则似乎可以说是过度自信强力的一着。左边黑46的二间拆是传统的定型；黑80是为了先手分断右下角的要着。下边的白97是瞄着此后白99的锐利手筋。"

"阎景实与顾师言"的对局进展如第2谱、第3谱，棋谱记录直至244手。不过，按照当今日本的规则，238手便已是终局了。

对此，栏外注文言及，"待诏阎景实与顾师言争金花碗（花形金碗），执黑的顾师言以一路（一目）胜执白的阎景实"，"黑杀白六子，白杀黑六子"，其结果是"黑有40路（40目），白有39路（39目）"。这

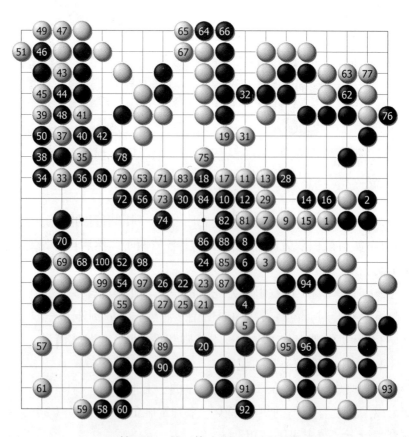

第1局·第2谱（101-200）

段话是什么意思呢？其大意是至终盘时，不活的子及此前提掉的子，黑白合计为六子，各自将提掉的子填回对方空中，则黑地为 46 目，白地为 45 目。并且，盘中黑棋与白棋各有三块棋，依据"还棋头"的规则，每块棋各贴 2 目，黑白都是三块，各扣除 6 目后，恰如注文记载"黑 40 目，白 39 目"，为黑棋的 1 目胜局。

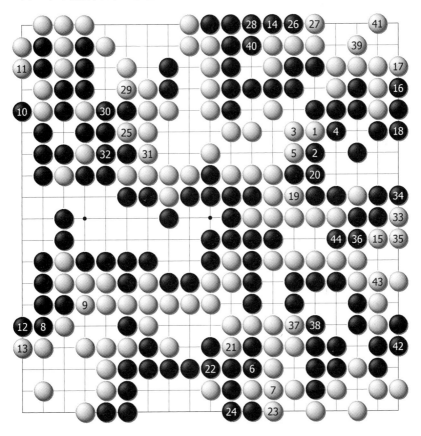

第1局·第3谱（201—244）

第 1 局的标题为"金花碗图"。第 2 局是唐棋待诏"贾玄与杨希粲"之战。最终，白杀黑二十一子，黑杀白九子。将死子填回对方空中，计算为"白地 49 目，黑地 55 目"，按照今天的日本规则，应为黑 6 目胜。但是，还要考虑"还棋头"的规则。由于白棋分为三块，黑棋分为两块，因此从前面的计算结果中扣除白 6 目及黑 4 目，正如注文所叙，为黑棋的 8 目胜局。

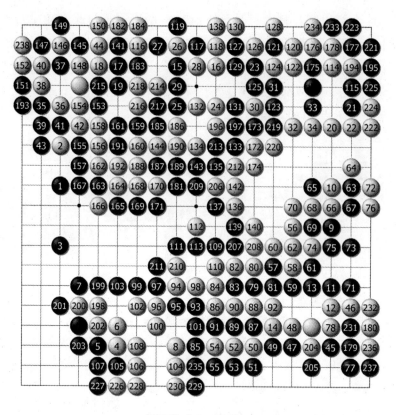

第2局（1-238）

第2局的标题为"贾玄图"。"贾玄图"便出现了必须考虑每块儿棋扣除2目的"还棋头"规则的局面。对左上白214至218的双活，黑棋若在白214之前抢占215位，则依日本规则可成6目黑地，但按照"还棋头"，每块儿棋要扣除2目，因此只成了4目。

总之，始于古代的中国规则与今天的日本规则的基本思路是相同的。我们将在下篇介绍改良的中国规则。

关于中国规则——2

在前面的篇章中，说明了截止于十七世纪初的中国，对局规则基本与今天的日本规则相同。不过，即使是同为"争地多少"的基本点，两者之间仍有相当的差别。因此，再次将其特点列举如下：

（1）实行黑白双方先在对角星位上各放两子，然后再开始对局的互先座子制。

（2）白方先行。

（3）胜负的判定与现在的日本规则几乎相同，实行"占地多者胜"的"计地法"。

（4）采用还棋头的规则。

在四条规则之中，仅（3）大约在"明末清初"的十七世纪初，以"占地多少"改变为以"盘上存活下的棋子多少"来判定胜负，（1）、（2）、（4）则一直存续至"清末民国初年"。话至此处，也许有人会认为，以上的这些规则在当时已经被视作为一种文化了吧，其实并非如此。如同没有人会规定执筷子的方法、呼吸的形式以使之成为文化一样，人们都是在心领神会间享受围棋的。当然，也会有对默认规则的解释成为问题的时候。举例来说，也曾出现诸如像《今昔物语》中"两劫循环一假生"，应如何判定而导致严重纠纷的局面。不过，规则之文化形成作为一个重

要的课题，是在进入十九世纪、创建了职业选手棋战之后的事了。

所以，我们是从当时的棋谱及书籍中，整理归纳出了当时的规则。从这些资料中，可以了解到在明末清初的中国，曾发生了围棋规则史上划时期的革命。至于是什么人发现了革命性的规则，虽然至今仍不明确，但设计出"以盘上存活的棋子数目的多少"来判定胜负的"数子计算法"，并使之得到普及，这一事实却是确定无疑的。而且，除去"双活"等特殊情况，"计地算法"与"数子计算法"的相同结果更是令人惊讶。

按照数子计算法，盘面上存活的棋子在半数以上者获胜。无论是十九路盘还是九路盘，道理是完全相同的。因此，试在简单的九路盘上做一番计算。

1图　是芮乃伟九段在 NHK 的讲座中完成的终局谱。

2图　首先使用日本规则的"计地算法"。双方各被提一子，计算时分别填至己方的黑△和白△处，结果是黑地 16 目，白地 15 目，应是黑 1 目胜。

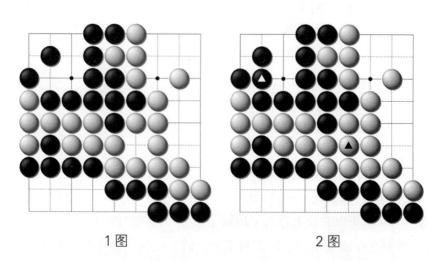

1图　　　　　　　　　　2图

3图　现在采用中国规则的"数子计算法"。九路盘上共有 81 个交叉点，其半数为 40.5，点数黑或白任意一方在盘中存活下来的棋子，在不贴目的场合，达到 41 个以上的一方即获胜。例如，计算黑子。盘中存活的黑子，按日本规则应为黑地的标有 x 点位的 17 个，加上盘中的 24 枚黑子，共计 41 个。

因为 41–40.5 ＝ 0.5，所以应是黑赢了 0.5 子。由于"数子计算法"的结果的倍数为"计地算法"的结果，即便计算的方法不同，但结果仍是与 2 图相同的黑 1 目胜。

习惯于日本规则的人极其看重提掉的子，但是按照中国规则，像 2 图那样将被提掉的子填回自己的空中，盘上存活的子数也没有变化。日本人最初以中国规则对局时，因对手将提掉的子放回己方的棋盒而曾大惊。不过，这并非是由于取胜欲望过强，而是因为"提了无用"的观点。

并且，当像一些日本人那样在终局后每次两子地填满单官时，这下该轮到中国人面露不解之色了。还用说吗，按照中国的"数子计算法"，"气"是直接关乎胜负的！

那么，在完成"数子计算法"的明末清初时期，胜败是如何论定的呢？

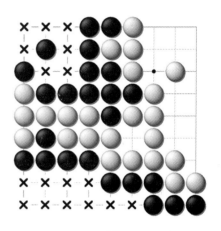

3图

3 图是黑的 0.5 子胜。然而，若按（4）的"还棋头"规则，胜负将因此而转换。也就是说，因为白有一整块儿棋，而黑有两块儿隔开的棋。按照中国古代的规则，一块儿棋要扣掉 2 目，明末清初之后实行的"数子计算法"则为一块儿棋扣掉一子。即 3 图的情形中，盘上存活的黑子为 41 个，依"还棋头"的规则扣除 1 子，变成了 40。在中国，"子"相应于日本的"目"。3 图的黑负 0.5 子，也即所谓的 1 目负。

在中国，"还棋头"的规则对胜负的影响极大。例如，以下将要介绍的棋谱选自成书于 1719 年的《兼山堂弈谱》，并被收录于《寄青霞馆弈选》第三卷中的《何闇公（白）·黄龙士》之战。

原谱有评注，"第 1 谱，黑 30，尚早。走强了角部不好。黑 36 应占 38 位。第 2 谱，黑 14 以下至 54 成凝形，痛苦。"本局虽谱至 217 手，但载明了结果是白棋半子胜。黑 A 位断，白棋将被断为两块儿，而黑棋则分为六块儿。按照"还棋头"规则，去除盘上的 4 枚黑子，记录的结

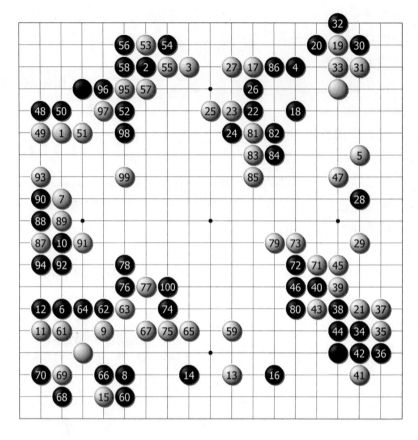

第1谱（1-100）

果是"白棋半子胜"。对于十九路盘的场合，361 的一半 180.5，是胜负的分界点，即本局的黑为 180。

　　在明末清初的《金瓶梅》第五十四回中，关于"还棋头"的规则曾做过生动的细节描述。白来创与常时节下赌棋，白来创的棋被分为五块儿，常时节则为两块儿。因此，白来创必须被扣除3子，他边嘟嘟嚷嚷地唠叨"3子的话就不行啦"，边点数着，结果输了5子。

　　一旁观战的人也都为"哪边儿会赢"下了赌注，结果一出，输的一方罚酒，胜的一方则耸着鼻子得意地说，"如何？老子说的没错吧！"至今延续着的这一围棋特有的景象，悠然浮现了出来。

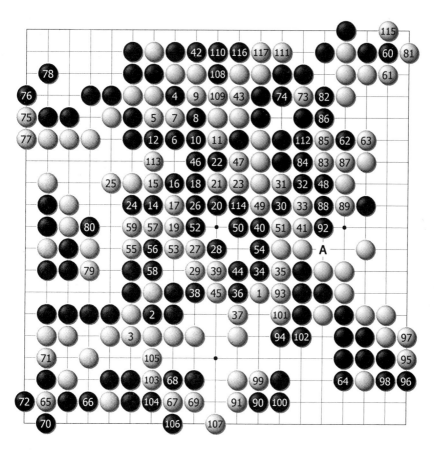

第2谱（101-217） ⑬＝❹

明末清初第一高手过伯龄

前边将清代中国的对局采用怎样的规则进行了说明。由于日本读者对这样的规则尚不熟悉，因此在介绍众位国手们之前，有必要掌握一些预备知识。

自本篇开始，终于要进入"大清国手们"的主题了。第一位便是首屈一指的过伯龄，也称为"百龄"或"柏龄"。过伯龄在日本的有名是因为他写的《官子谱》，另外还有《四子谱》、《三子谱》，以及由陆玄宇编集的《仙机武库》。刊行于1629年的《仙机武库》是一部资料价值极高的明末清初的实战谱和定式集，遗憾的是未被《寄青霞馆弈选》收录。

万历十五年（1587），过伯龄出生于江苏省无锡的名门望族，原名"过文年"。他自幼聪敏，少年时代便好读书。十一岁习弈，很快地棋力便达到了在无锡难逢对手的程度。

有一天，身居高位的权臣叶向高路经无锡时，要求与棋力相当的名手对弈。叶的棋力是二品。当时的中国，棋力分为九品，一品为国手级，二品则具有接近国手的实力。

见到出现在面前的对手还是个孩子，叶非常惊讶，但更令叶惊讶的是他竟二战二败。自此之后，过便成为江南一带有名的棋士了。之后的青年时期，他在北京钻研棋艺。当时，统领北京棋坛的是无敌国手林符乡。

过与林大战百余局，最终技高一筹。就这样，他在弱冠之年便被人称为"天下第一高手"。

明末清初时期，社会动荡不安，过由北京返回无锡。此间，往来于江南一带。因他在棋界至高无上的地位，被冠之以"宗师"。

关于过伯龄返回故乡无锡之后的情况，留下了许多截然不同的记载。

一方面，说他性格温和、品格端重，为人所敬仰。通过围棋，他一生中与明清的高官们结交甚广，除了叶向高以外，同钱谦益、程正揆、董中行、朱茂曙等一类名士，均有交往。

另一方面，则说他返乡后终日沉湎于杯盏之中，不喜与人对弈，而是纵情于左右互搏的一人棋局中。"即便安于清贫，但必须的生活费还是需要的。（略）自赌棋中得到的大笔彩金，扣除包括酒资的生活费用，

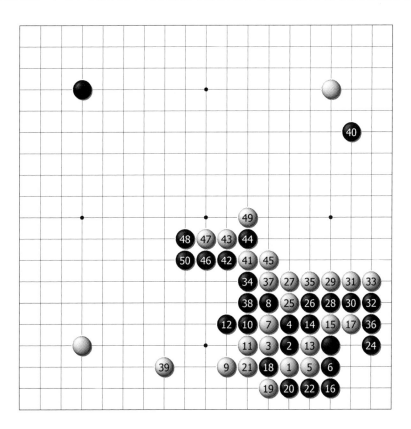

第1谱（1-50）　㉓=⑱

余者全部投回了赌场，最后几乎一贫如洗。"（《棋道》1990年8月号《中国围棋外史》）

这种反差极大的评价，为浮现在我们眼前的人物蒙上了一层浓重的阴影。

《寄青霞馆弈选》收录了过的十二局对局谱。另外，还有两局收录在1719年刊行的徐星友的《兼山堂弈谱》中。若将这十四局做一番比较的话，星的压长下得非常的多。

第1谱　本局是收录在《兼山堂弈谱》中的与周懒予之战。由此战例中，可以见识执黑棋的过伯龄擅长的2、4压长。以下至黑50，局面呈互角之势。白49应于50位断，此为徐星友的意见。在过的十四局对局中，与周懒予有十二局，其中至白13、15止次序相同的压长定式便有四局。除本局之外，还有像参考谱那样黑16位断入的定形手法。

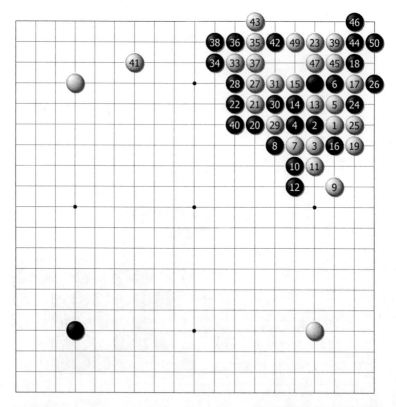

参考谱（1—50）　周懒予（白）对过伯龄　㉜＝㉙　❹❽＝⓲

16

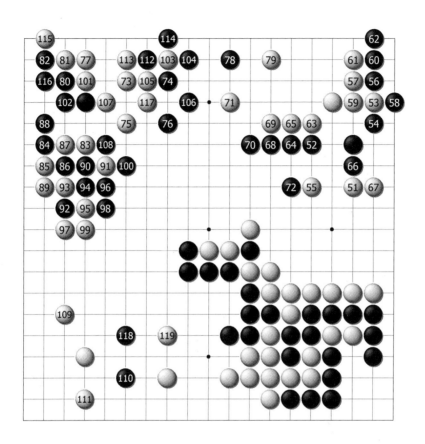

第 2 谱（51-119）

第 3 谱　黑 20 是令江铸久大为赞赏的一手。之后，巧妙地对敌阵展开了蹂躏。

徐星友评价说，"过伯龄的棋贯穿一生的特征便是倚盖（压长），宛如绵延不绝的万里长城一般，持续不断地使用压长。故此，他的布局也失于单调了。"

除了压长之外，过还使用过"镇神头"那样的手法（第 1 谱中的黑 2 若于 4 位镇，即所谓的"镇神头"），这种手法在清初时便已舍弃不用了。无论怎样的布局就是压长，如同那不见头尾的万里长城一般没有变化！对于"一条道儿跑到黑"似的不断走出压长的过伯龄，后半生竟有如此

不同的评价，真是难以想象！过伯龄殁于 1662 年，他是一位极为引发人
们兴趣的人物。

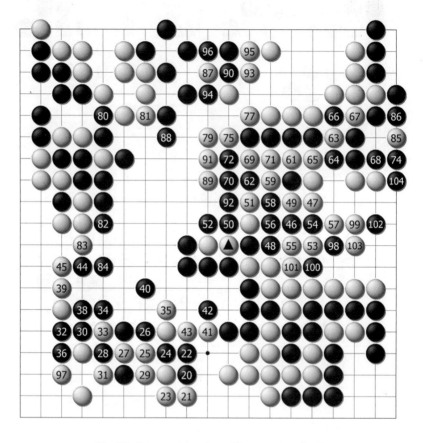

第3谱（120−204） 共204手 白胜

㊲=❷⑧ ⑥⓪=▲ ㉓⑦⑧=⑥③ ❼❻=⑥⑥

18

以柔克刚的周懒予

上篇中介绍了过伯龄，继他之后的国手便是周懒予。周活跃于明末至清康熙初期，原名"嘉锡"，出生于浙江省嘉兴梅会里的贫家。不过，作为当时来说极其难得的是祖父慕松喜好对弈，而且棋艺了得。六岁时，周懒予在观看来客的激战中识得围棋，并逐渐熟习了攻守的技法，几年之间棋艺便取得了飞跃的进步。

江苏省及浙江省是中国的稻谷产地，物产丰硕，也是当时围棋最为兴盛的地区。当地的高官及绅士们经常高悬巨额奖金，遍邀四方名手齐聚嘉兴，于盘中角力。

"去吧！"

周家派出了少年嘉锡，前去赴会赢得赌棋并获取彩金以贴补家计。由于周懒予数度获胜，他的实力逐渐被人们了解了。

在周懒予的青年时代，正是过伯龄作为国手统领棋界的年代。不过，随着周懒子的棋力以喷薄日出之势迅速攀升，他与过伯龄为代表的新旧力量的激烈碰撞，渐渐成为人们关注的焦点。新旧之间的国手争夺战成为黄金赛事，在痴迷棋事的人们之间，持不同倾向的争论无疑是激烈之极："还是过伯龄更强，最终会赢的吧！""不对，周是花蕾初绽，潜力无限呀！"当然啦，对局时彩金高悬，观战的人们也分列两阵，投入

赌战之中。

拥挤在盘侧的观战者们，随着棋局的进展时喜时忧。他们间的新旧决战，总是被观战者围得水泄不通。于是，当周懒予最终取得胜利时，周国手的名声也就益发的高涨了。

对周的名声发生了决定性作用的是绍兴府山阴县的名士唐九经，他邀约了十余位天下高手进行杭州决战。几番较量之后，周懒予技压群雄，拔得了头筹。

周懒予之强究竟强在哪里？

共同研究的结果感觉到周懒予的棋是以把握作战主导权、保持先手优势为特点的，他深知获取先手的益处，并为取得先手殚思竭虑，宁失数子，不失一先。这一特点在以作战为指向的清朝初期，确实给人一种新颖的感觉。

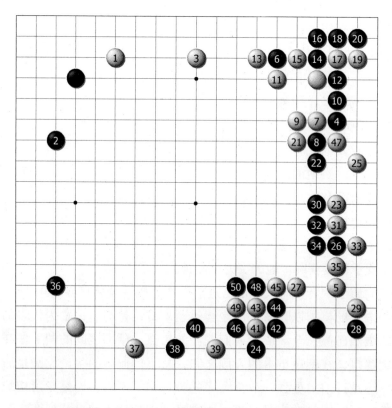

第1谱（1—50）　周东侯（白）对周懒予

20

清顺治年间（1644—1661），棋艺娴熟的周懒予屡屡出行扬州。在日本，这一时期正是本因坊算悦（1611—1658）与安井算知争夺名人的期间。

　　这时，才华横溢的青年棋士周东侯及汪汉年则崭露头角，国内的棋士大多难以与周、汪二人匹敌。然而在扬州，周与汪一旦与周懒予交锋，则必败无疑，他们不得不甘拜下风。

　　《寄青霞馆弈选》中收录了二十六局周懒予的棋谱，按照对局数量的次序，分别是与过伯龄的十局，与汪汉年的六局，与周东侯的四局。这里将介绍与周东侯的一局，因为此局充分展现了周懒予的棋风特点。

　　第1谱　黑48、50，右边的一块儿棋平安脱险，这便是有名的黑调子。

　　第2谱　黑52以下，使下边构成好形，至70获得安定。而且，黑74的拐价值千金。应是执黑的周懒予有望的形势。白75飞下时，黑76的跨断是手筋。继之的白77反断也是要点。如短刃般灵便的白77是好手，

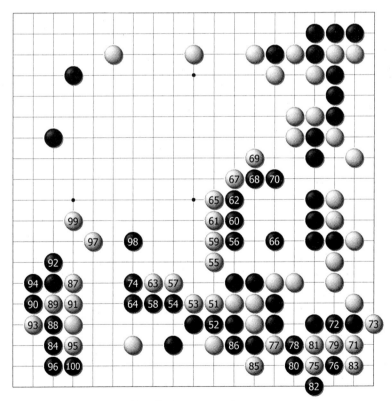

第2谱（51—100）

21

为以后留下了味道。

第3谱 白1以下进行了拼死的抵抗。至白23，首先活了下边。黑24看似急所，其实缓了。此时，在黑A位一带施以一击将非常严厉，瞄着对左边一块白棋的攻击，或黑B位急所的断，实为左右逢源的着法。因此，白25以下机敏，至白31一举脱出了进退两难的险地。

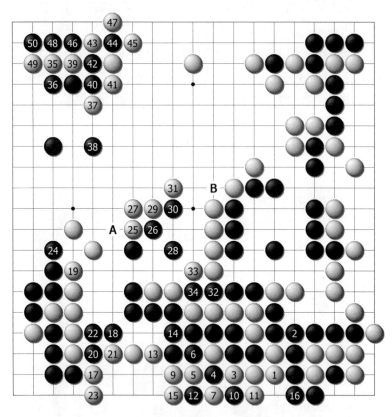

第3谱（101-150） ⑧=▲

第4谱 黑66是败着。黑若简单地在73位渡过，则是黑胜。

周懒予的棋风绵密细致，擅长以柔克刚。本局虽因失着最终落败，但自序盘始直至中盘，周懒予的特点都发挥得极为出色。

他的出生故乡嘉兴的名士范路曾经问他，先生的棋是否已臻无懈可击的境地？正值棋士生涯巅峰的周懒予答道，"虽然当今国手无人可以凭借棋技胜我，但每当局终复盘之时，仍不免有值得反思或悔愧之处！"

晚年的周懒予，不知去向。传说他去了遥远的国度，与那里的女王幸福地度过了余生。不愧是烂柯传说的故乡啊！从不缺少围棋的故事。

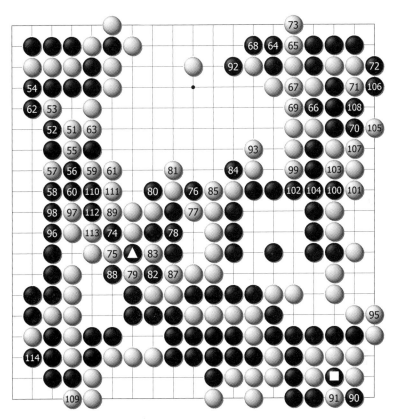

第4谱（151—214）共214手白胜　❽❻=▲　❾❹=☐

才能超群、具有新时代感觉的汪汉年

出生于十七世纪初期的安徽省歙县的汪汉年，是活跃于顺治年间至康熙年间初期的国手。

年纪尚轻的时候，汪汉年便作为长江、淮河一带的名手为众人所知，青年时期则与周东侯齐名。顺治年间，曾与周懒予在扬州进行过几番较量，但胜少负多。由此而改变了对棋的认识，终于达到了棋艺的高峰。后来的国手徐星友，在《兼山堂弈谱》中如上写道。

周东侯是安徽省六安人，顺治年间与名手汪汉年相识，二人间的对局数甚多。在锋芒毕现的新人之中，"汪周"二人堪称"双璧"，他们也有足以傲视群雄、气势凌人的本领。不过，二人多次受挫于周懒予。之后，周东侯也由失败中获得顿悟。

康熙年间，周东侯遇到了与日本的道策几乎同一期间出生的黄龙士，与这位中国的大天才展开了炽烈之极的棋争。对此，将在以后介绍到黄龙士之际，再深入论及吧。诸桥辙次在《大汉和辞典》中有如下说法，"论者称，龙士如龙，东侯似虎。"

《寄青霞馆弈选》中收录了六十一局汪汉年的棋谱，其中并无与康熙年间的国手黄龙士及徐星友的对局，故而推测他应是中年早逝。

在汪汉年的六十一局当中，若以对局数多少排列的话，应为与周东侯的二十三局，与盛大有的十四局，与程仲容的十局，与周懒予的六局。下面介绍他与周东侯的"双璧"决战。

江铸久对汪汉年的棋给予了极高的评价。在力战棋盛行的当时，从汪汉年的棋中却处处可以看到近乎现代棋的感觉。在上篇的篇幅中，曾经介绍了周懒予"有意获取先手之利的韧性"，并指出了这两种棋风各自具有的特点。汪汉年超越周懒子成为国手，就源于他不拘成规的棋风。后来的大国手、清代棋士的代表人物之一施定庵，称赞汪汉年的棋"超轶"。对他的评价是，在同时代的国手中具有出类拔萃的才能。

第1谱 在本局中，也可感受到汪汉年之强，并触及其近代感觉的萌芽。

白7、9是"还棋头"的对局特有的下法。白7手于15位入三三仅

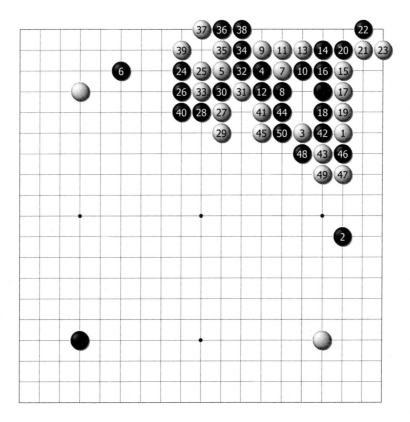

第1谱（1-50） 汪汉年（白）对周东侯

可活角，太小。依日本棋规，角部为7目，而按还棋头规则只有5目。黑24的拆逼，好点。黑28应于45位跳。周东侯的黑28意在30位挖后32、34吃白四子，不过白弃子整形，所获战果远大于被吃四子。

"汪的对局中，弃子的运用很多。"江铸久说。

第2谱 白55尖顶以下的着法非常巧妙，江的评价是"聪明"。白71若在72位长头的话，汪仍处处争先。实战黑72位急所扳头之后，处境已有好转，但黑78太过分啦！白79抢先定形后于81位的急所处断，痛烈！之后，汪为我们展示了出色的大局观，以及精深的计算力。

白91的并是决定性的，称得上是本局胜着的一手。白91后，白A与93两点成为见合，白必得其中之一，黑已动转不灵。黑92虽防住了白A，但黑94、96时，白97、99是计算的要点。由此强硬地分断黑棋，

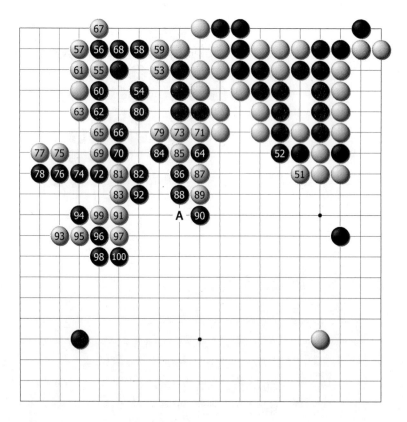

第2谱（51-100）

白在对攻中占得先机。

第3谱 白1以下至21，白方快一气赢得对攻，已是白棋几近胜势的局面。在此之后，汪又展示了如何脱离险地的漂亮技法，当黑30挂右下角时，白脱先于31位厚实地拐。江铸久认为，白31的感觉"近乎现代棋"。

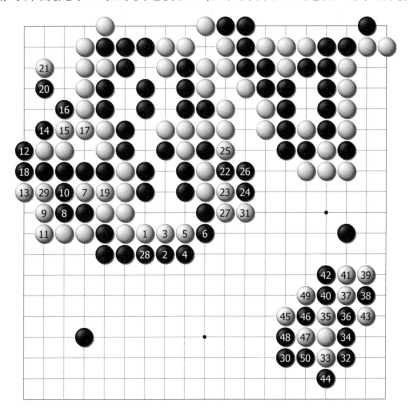

第3谱（101—150）

第4谱 白77、79、81，一举制胜的连环三手。黑78若脱先，则有白A位的分断。白79碰一手便宜之后，再81位挂。华丽的制胜手法，最终漂亮地取得了胜利。

1719年刊行的《兼山堂弈谱》是大清年代最具影响力的棋书，该书作者徐星友对本局的周东侯评价非常严厉，"尚未成熟！"对汪汉年，也有"未臻完美"的评价。

不过可以说，当自康熙年间以来形成的围棋盛世达到顶峰之时，正

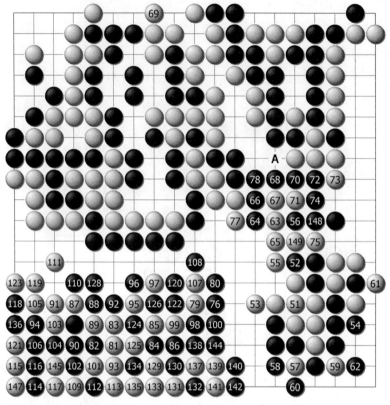

第4谱（151-249）　共249手　白胜

⑫=㉔　⑭=⑫　⑭=⑬

是这个汪汉年首先为棋坛带来了崭新的感觉。

汪汉年活跃的时代，在日本正是安井算知与本因坊道悦的"远岛之赌六十番棋"开始的时候，不可思议的是中日围棋在这一时期都获得了大发展。汪汉年所采用的"太极图"（第一着落于天元），同一时期日本的涉川春海也开始使用。

汪汉年的太极图

　　《寄青霞馆弈选》中，收录的分先局棋谱共有五百八十局。其中，"太极图"（第一着便占据天元）便有四局。有三局是活跃于清顺治年间至康熙初期的汪汉年的，有一局是周星垣的，他是发生鸦片战争的清道光年间的国手。

　　在日本宽文十年（1670 年）的御城棋中，先行的安井算哲（涉川春海）煞费苦心，为对手道策布下了第一着 天元。在御城棋中，"第一着据天元"的仅此一局。此后过了两年，南里与兵卫又以第一着行天元挑战道策，但他选错了对手。大天才道策完全封杀了天元的威力，"第一着占天元"终未流行起来。

　　不过虽说是偶然，但日本与中国竟在同一时期都进行了"太极图"的尝试，确实令人感到有趣。

　　汪汉年的三局"太极图"的对手分别是盛大有、汪幼清、周元服，他们无一例外都是明末至清初期间极为活跃的国手。这三局应该是汪汉年在崭现头角的青年时代所进行的一种尝试，这一时期的汪汉年，奇想频发，其中之一便是"太极图"的运用。

　　太极，宇宙之根源；天元，棋枰之中点。在中国，这都是自然观的表达。由明朝贵族、围棋研究家林应龙编集的《适情录》（1524 年）中，

29

收录了日本僧人"虚中上人"留学中国期间收集的棋谱、定式、诘棋等，其中就有四十局的太极图序盘战，并有"起手据太极（天元）经营四方"的说法。

与日本不同，中国的让三子棋的子放置在对角星位和天元。三子放定，即可开局，而且因是"互先座子制"，常常是白序盘伊始便展开了战斗。所以，依常识性的思维来看，太极图应非常有力。无论在认识上，还是在实际对局中的着法，完全不会有抵触。可是，年轻的汪汉年除了趣向之外，其他方面几近于无。如此的话，在棋艺水平飞快进步的清代，太极的掌控会非常困难。国手们都是如此判断的，这样的判断和想法从《适情录》中也可窥见到："第一着于太极，要视其力量如何发挥，方能会有大的期盼。"

在日本，玄尊早于《适情录》之前二百余年便提出了"第一着天元

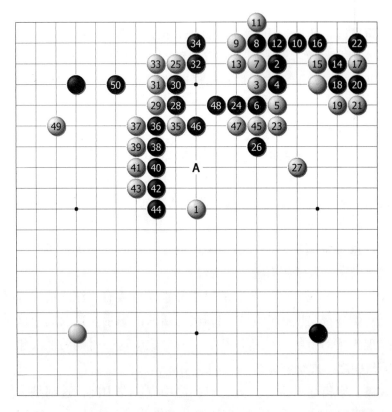

第1谱（1—50）

有力说"。在《围棋式》（1199 年）中，强调因对征子有利等理由，第一着于天元有效。这一结论虽非绝对，但也算是恰如其分的理由吧。

这里将在汪汉年的太极图（谱）中，选择与盛大有之战，予以介绍。

第 1 谱 白 3 为倒垂莲。若说"倒垂莲角图"，即指的是倒垂莲的角部定式。吴清源九段与江铸久九段均有白 1、3 有力的判定。白 7 于 24 位扳打、黑 45、白 23 的选择最佳，这唯有征子有利时方可成立。至于会有怎样的征子变化，将作为下篇内容的作业予以解答。黑 36 是盛大有强力的体现。白 45 与黑 46 的交换是大恶手，若不做此交换而是白 46、黑 48、白 A 的话，将成为强力的狙击。

第 2 谱 白 51 于 53 位虎是形。黑 56 若于 A 位提的话，将使白 55 变成大恶手。即使黑 A，白 B 也不成立。黑 64 是好手，黑优势。若黑 68 于 70、白 68、黑 78 的话，局面应该更简明。白 69 以下，汪汉年发力了。

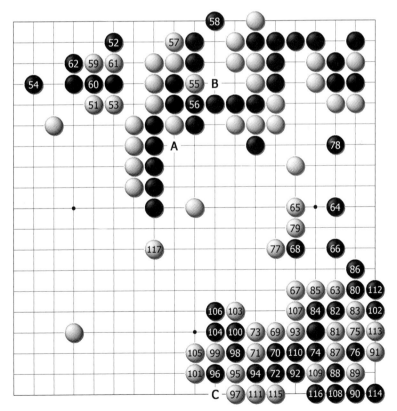

第2谱（51—117）

31

黑 80 时，白 81 至 91 的数子主动送死，将对局带入混战之中。当时，弃子战术尚未在对局者的考虑范围之内，而汪汉年的弃子作战却已不鲜见，的确是显现了一种崭新的思想。

白 117 的镇，使人领略到他的实力，虽际弱冠之年却已是才华横溢。就此，白获得了巨大的成功。由于白 C 位的提也是先手，黑方已极难应对了。

第 3 谱　白 37 位刺，已然逆转。对白 47 的并撞，黑 48 以下展开了拼死的反击。所以，白 47 应：

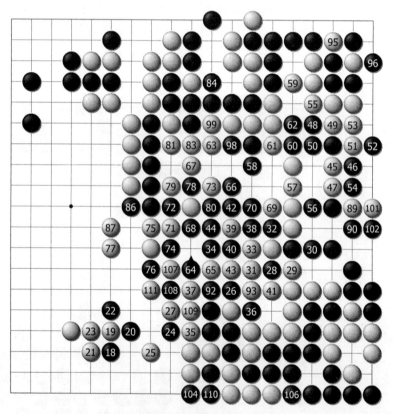

第3谱（118—211）

82 88 94 100 105 = 78　　85 91 97 103 = ▲

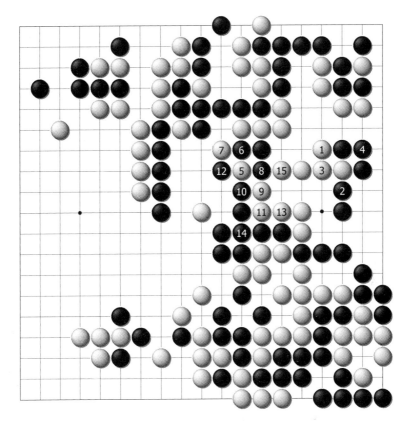

1图

1图 白1位鼓以下至5，才是安全之路。由于白棋若成功治孤，黑棋则必输，因此势必黑6以下孤注一掷。但是，白7位挡后至11成竹在胸，轻轻松松便已治孤。

实战的黑48以下，并未循江铸久九段的解说那样进行，如此一来几乎必然地展开了一场肉搏战。最终，白81成立而形成了大劫争。对黑104、106那样的劫材，白107之后111是制胜的着手。虽然不免会有结果论之嫌，但第2谱的白55时黑56位应而招损，却是毫无疑问的。

在废弃"互先座子制"之后，日本的围棋获得了飞速的发展。不过，在序盘不经布局便早早开始战斗的中国围棋，其作战的能力并非毫无用处，此中有中国围棋的根源，至今仍如滚滚长江水，奔流不绝。

十七世纪的定式回顾

上篇中讨论了汪汉年与盛大有之战的太极图（第一着据天元），并且已经指出了"倒垂莲定式"在运用"第一着据天元"时是有利的作战选择。

本篇将简明地回顾一下，活跃于"明末清初"的盛大有以及稍晚一些的汪汉年、周东侯等众多国手们激烈较量的十七世纪前半叶直至康熙初期，这一时期大致流行的都是哪些定式。

1图　当时，占绝大多数的是白1的大飞。对局双方早已摆好了架势，对星位的挂，其应手几乎百分之百是白1。以下，将考虑除大飞之外更为特殊的下法。

2图　即白1、3。除了白3以外的应手并不常见，而且无论1图还是2图，将来都有黑A位的逼。

2图的白1、黑2、白3这三手的应对已成套路，黑2于B位点三三仅在特殊情况下使用。黑B位点三三不在考虑之列，原因在于"还棋头"的规则。虽然按照日本规则，点角将成7目地，但若是孤立的角，依"还棋头"却只有5目的价值。而且，处在周围的对手的棋子很容易形成联络。所以，出于当时的中国规则，赚取角地便宜之类的作战并不在考虑之列。

而且，由于指向外围的定式形成了主流，因此，**3图**的"压长"定

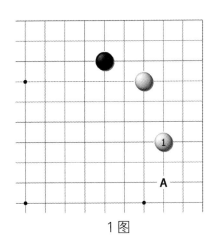

1 图

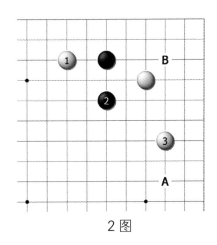

2 图

式及 **4 图**的"镇神头"就屡见不鲜了。

5 图 并且，因为被挂角时脱先不应的情况很多，所以走成黑 1 的双飞燕也很多。白的应手是 A 还是 B？究竟压哪边？还是 C 位尖？

6 图 此图为上篇中讨论过的汪（白）盛之战。白 3 的倒垂莲以下至白 25，形成了战斗。手顺中，白 7 如 **7 图**，白 1、3 打后贴起的次序有力。之所以这样说，是因为在当前的场合下，如 **8 图**，黑 1 以下至 7 不成立。由于白征子有利，因此会走成白 8、10 的结果。假如这样的话，征子不利的黑大致会如 **9 图**黑 1 拐，考虑白 2 以下至 10 的变化，中央将形成战斗。这样的话，势必使得第一着的太极白▲子，充分地发挥效率。

太极图有利于征子作战及中央的战斗。总之，从有效地发挥太极处着

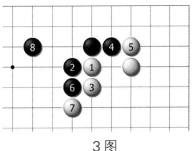

3 图

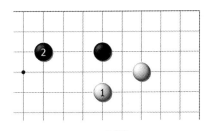

4 图

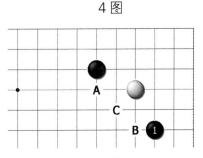

5 图

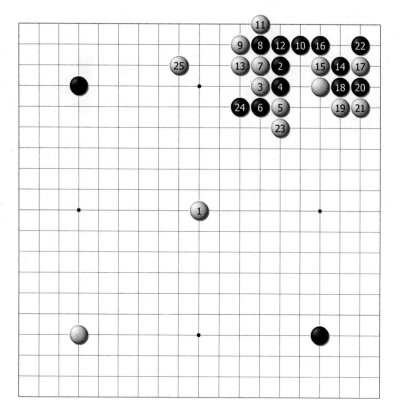

6图

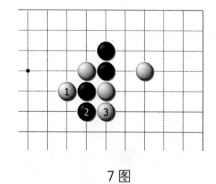

7图

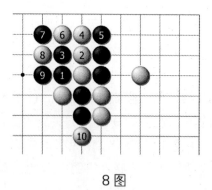

8图

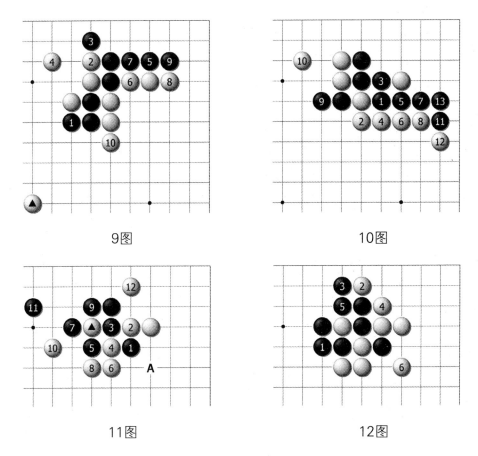

9图   10图

11图   12图

子的特殊长处的意义来看，白3的肩冲是有力的着手。

　　《适情录》中，列举了6图白7手的多个变化。不过，江铸久认为，如按照现代的感觉，黑8会如10图的黑1、3。以下至黑13为其变化之一例，黑角成地很大，即使在采用"还棋头"规则的当时，也应是相当充分的结果吧。

　　《寄青霞馆弈选》中，收录了四局太极图谱。其中的三局是在汪初出茅庐血气方刚的年代弈出的，三局之中有两局走出了肩冲。

　　11图　对付汪的起手太极后肩冲，周元服应以黑1。以下至白12后黑A位动出，就此形成了全面战争。过程中，黑9的提若如：

　　12图　黑1位粘，白2的顶是手筋。若黑3扳会被白4先手利，非常难受。于是，不甘示弱，黑3如：

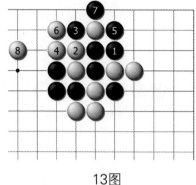

13图

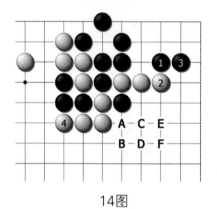

14图

13图 黑1位冲出，以下至白8。

14图 随后，如若被迫两眼做活的话，黑棋难以忍受，因此大致还会黑1、3。被白4位压住，黑三子空间狭促，几陷绝境。如此展开，最大限度地凸显了天元着子的效用。以后，若黑A位动出，白B以下依字母顺序至白F弃子，应是白棋充分的局面吧。

本篇介绍了在十七世纪的中叶，具有代表性的中国定式。其中，1图及2图的白1大飞占据了绝对的多数。使用这一定式，盘中一旦兴起战端，则大多是双方均无回转余地、缠绕纠结、绵延不绝的对局场面。本篇主要介绍的倒垂莲定式，在实战中极为罕见。在日本，安井算哲的第一着据天元；在中国，则有汪汉年的肩冲。众位可以秉持利用日中合作的有利条件之类的嘴中念叨着，一边在围棋上做的立场，一边像"这是倒垂莲呀"多方位的尝试，如何？

大国手黄龙士的华丽亮相

　　至此，已经按照年代顺序，依次介绍了活跃于明末清初的过伯龄、周懒予、周东侯、汪汉年等国手。经过顺治年间（1644 年—1661 年），清朝迎来了康熙年间（1661 年—1722 年）的全盛时期。在康熙年间的前半段，围棋得到极大的普及，棋力也有了飞跃性的提高。其结果，便成为中国各地的名家国手辈出、诸子争雄竞霸的时期。

　　在康熙年间前半期，作为大国手统领棋坛的是黄龙士。黄龙士，名"虬"，又名"霞"，字"月天"。顺治九年（1652 年，一说 1651 年，或 1654 年），出生于江苏省泰县姜堰镇。泰县，位于南京东北约百余公里。

　　关于黄龙士的生平，历史流传下来的有两个版本。

　　其一，说的是黄龙士出生于喜好弈道的富裕家庭。少年时代，跟随父亲游历了长江与淮河一带，磨练棋艺。十一岁时，已经达到了与当时的国手定先对弈的水准。以后不久，黄龙士随父亲来到了北京。进而，这位得意的父亲带着这位神童广泛结识了京城的王公与高官们。

　　后来有一位将军，对于年纪轻轻、棋力便已不让国手们的少年黄龙士非常喜爱，送给他金钱与绸缎，以示褒奖。进而，又带他共赴边关。居住在蒙古包里，每日吃的尽是些牛羊酸奶酪，过着与游牧民们一样的生活。这样的生活过了一年，黄龙士因为思念母亲，返回了故乡。就这样，自少

年时代起，黄龙士便有着与常人迥异的经历……

其二却是，黄龙士的家境贫寒，他的父亲为了给他寻找出资人，到了北方（蒙古），他获得了一位喜好俊童的将军的宠爱。后来，他得到了一年的休假，父亲将事情告诉了喜好围棋的诗人杜浚。"黄的头脑极为灵敏，试以棋弈询之，他的技艺似乎已经达到无可挑剔的程度。不过，对于其父想方设法让我担当出资人的用心，总给人不快的感觉。"（《棋道》1990 年 12 月号《中国围棋外史》）。

显然是截然不同的两类传记，而杜浚对黄龙士之父的印象不佳，也可由上文中窥见一斑。

黄龙士返乡之后，棋艺渐趋成熟，到了十七八岁之际，实力已经达到与国手相抗的程度。

《寄青霞馆弈选》中，加上受子棋，一共收录了一百零二局黄龙士

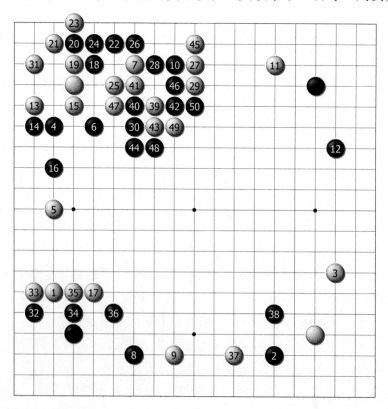

第1谱（1—50）　黄龙士（白）对盛大有

的棋谱。本篇，试举他与前辈国手盛大有之战研讨，此局也被继黄龙士之后成为国手的徐星友所编的《兼山堂弈谱》收录。

"所谓的棋逢对手，大体上是指年龄相当，实力也在伯仲之间的场合。由此意味来看，在对手实力变弱而不敌的场合，不可沾沾自喜。"本局附加了以上论评。盛大有已近老年，对局的当时，年龄大概应在五旬末至六旬中之间吧。

根据记载，康熙八年（1669），盛黄二人共弈了七局，黄获全胜。本局，被认为或许便是其中的一局。黄龙士的首次正式亮相绚丽炫目，在棋界引发了极大的动荡。

第1谱 当时，正值大飞应一边倒的时代，白5的三间夹带来一股新感觉。黑30应于39位，理由是白39以下的攻击非常严厉。

第2谱 黑74以下至78，应对有误。实战性的力量大是明末清初

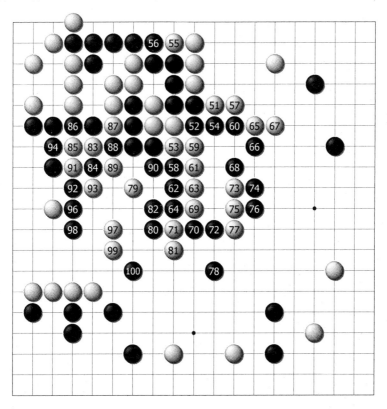

第2谱（51—100） 95=84

棋风的特长，盛大有也是这一时代的代表性人物，但遭到白79以下猛攻至89位黑棋被断，霎时间形势便倾斜了。

所以，江铸久九段认为，第2谱的黑74应如1图黑1、3定形后5、7攻击中央的白棋。

如此的话，虽然仍是一场胜负难料的混战，但是黑棋也充分可下。

第3谱 此后，黄龙士淋漓尽致地显示了他的精深算路，以及双方争向中央出头时犀利的定形手法。如若您能尝试复盘的话，大概便能更深刻地体验到在中盘阶段的中国围棋的特质了。下篇还将为读者介绍黄龙士的另外两局实战棋谱。黄龙士是清朝国力恰逢鼎盛时期、围棋获得空前发展的那个时代的标志性棋士，他的棋兼具了周懒予那样的穷尽极致之严密，汪汉年那样的精微奥妙之机巧，以及周东侯那样的富于变化

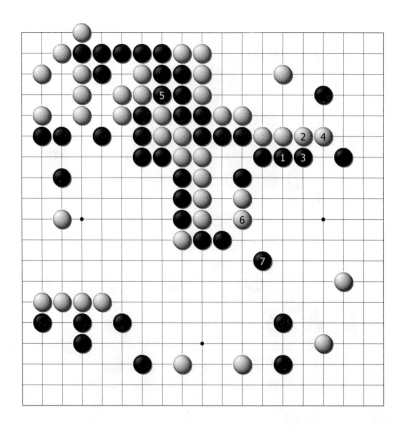

1图

之奇思。他极其重视全局的均衡与行棋的调子，是一位将中国的古老棋艺提升至新水平的棋士。

在日本的同一时期，道策出生了。同样，道策也创造了一个新的世界。在清代，黄龙士获得了与道策同样的高度评价。

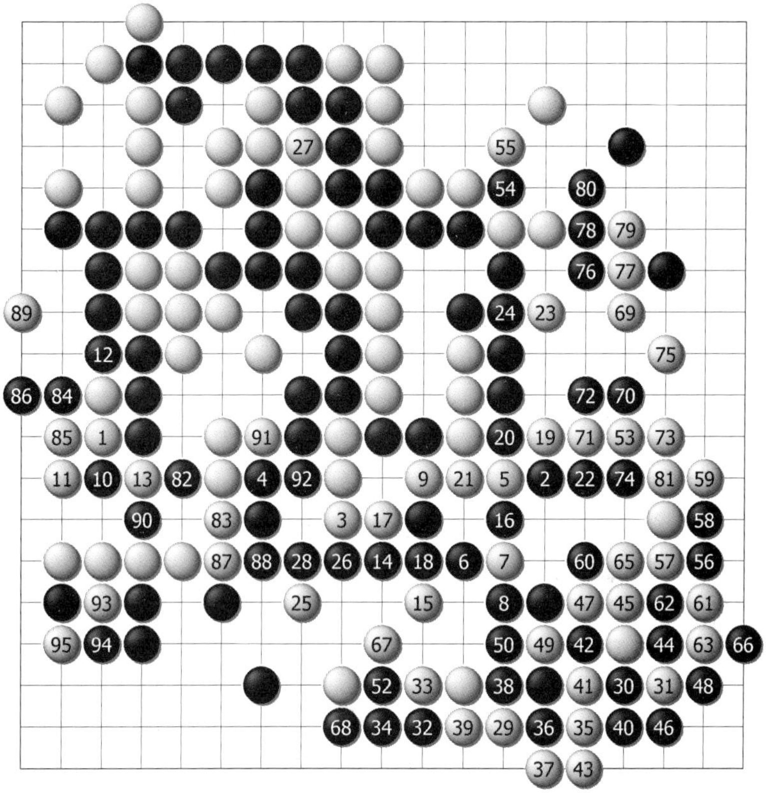

第3谱（101—195）　共195手　白中盘胜　(51)=(42)　(64)=㉛

龙虎决战成和棋的一局

　　清康熙八年（1669），十七岁的黄龙士挑战老前辈、国手盛大有，最终七战皆胜。一时间，"超级天才现身"的消息传遍了棋界，引发了一场巨大的骚动。黄龙士那场亮丽的盛黄"处女战"，上篇中已经作了介绍。

　　三年之后，黄龙士又与国手谢友玉对战十一局，也取得了胜利。之后的二十余年间，即至1690年代，成为黄龙士一统中国棋界的全盛时期。

　　这一时期，清朝的国力最为强盛，围棋由此也实现了空前的发展，吴瑞徵、何闇公、江天远、卜邠原、张吕陈、朱嗣升等等名手，群雄并起，正是一个诸侯割据的时代。不过，黄龙士出世之后，因为他的棋艺远远高于众人，这些割据一方的豪强不得不臣服于黄的阶前。在众多的国手中间，唯有一人尚可抵挡黄龙士，那便是周东侯。黄周二人在"弈乐园"大约进行了三十局棋战，以争胜负。那时，黄龙士虽胜局占优，但是这场胜负之争有如漫天烈焰、山崩地陷一般炽烈之极，故而当时众人将黄龙士周东侯赞称为"龙虎双雄"。

　　周东侯对棋艺的钻研永无止境，他认为纵然是与神仙对局，也应避免出现恶手。"对局，非将盘中隐藏的种种变化推演论证至穷尽则不罢休。但国手们总是在意了胜败，故最为重要的这一点就很难贯彻始终。（局中义理之所在，务领推移应变，若稍有余蕴，必不能淋漓酣畅，高手以胜负源于胸中，故往往中止。）" 是求胜负，还是重棋艺？由此，棋士们分为两派，胜负重视派与棋艺重视派。周东侯当然是棋界中一个永远谈论的话题，较之胜负，他应是更加重视内容的"求道派"的旗手。

《寄青霞馆弈选》中收录的黄龙士的棋谱有一百零二局，收录的周东侯的棋谱有八十一局。因为一共收集的有八百四十八局，所以由收录的局数也可以看出黄周这"龙虎双雄"受到了极大的重视。在收录的黄龙士的一百零二局中，与徐星友（下篇将要介绍）的有二十三局，与周东侯的有二十五局。在被收录的周东侯的八十一局中，与黄龙士的有二十五局，与汪汉年的有二十三局。

本篇介绍"龙虎"之间的一战。对局的内容虽稍显差强，但是因为出现了中国弈局中极为罕见的"和棋"，故此特作推介。

第1谱 黄龙士执黑棋。白35，好手。白35于37的话，黑40位立下后，

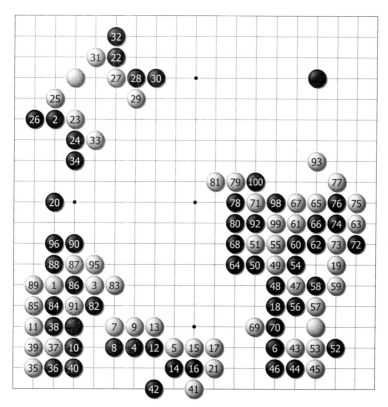

第1谱（1—100） 周东侯（白）对黄龙士 ❾❹=❽❻ ㊾㐇=㊈㄁

白 36 位挡并非先手。白 51 于 55 位长，充分。黑 66 定形后 68 位拐是那时的棋之强处所在。黑 66 单于 68 位拐，白 71 应后，再黑 66 时，白不再 67 位应，因为有了白 76 等变化。黑 92 应 100 位急所处断。

本局的战斗场面一如下文所述那样，流传了下来。

"别号'东侯'的周勋经常衅起战端，屡屡明知是损手却照下不顾。不过因此，对局从始至终，屡次三番地出现味道横生的折冲，呈现出一次攻防还未告一段落，新一轮的攻防战便又开始了的场面。总的来说，周勋的棋虽奇手频发，但不违棋理。白方自始便弈得游刃有余，虽未能获得胜利，可谓施展了浑身的解数。黑方尽管未负，不足之处是给人以气势落于下风的感觉。大概可以说是双方已尽全力的好局吧。"（《棋道》1990 年 12 月号《中国围棋外史》）

第 2 谱 黑 4 于 5 位退，充分。黑 62 于 100 位跳下是大官子。

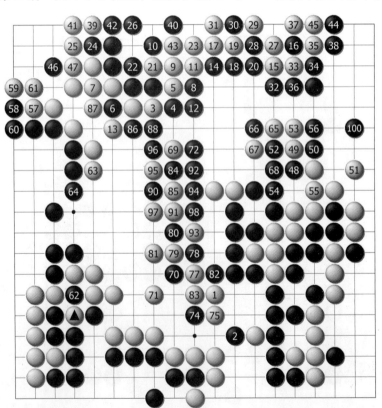

第2谱（101—200）　⑦③=⊕　❼❻❾❾=❻❷　❽❾=❻

第3谱 至此，江铸久九段已无评论了。棋局呈细棋局面，双方展开了拼死的收官之战。《寄青霞馆弈选》中收录的棋谱至黑322手，最终的结果为和。在中文里，便是"和平"的"和"。在中国的棋战中，"和局"极为罕见，可说是一个皆大欢喜的结果。

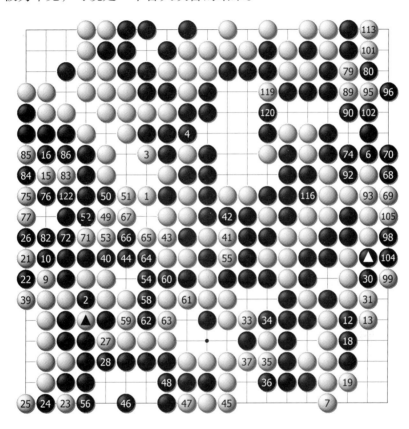

第3谱（201—322）　⑤⑪⑰㉙**38**＝**▲**　**8⃝14⃝20⃝32**＝**2**　㊉
＝**24**　㊆㊁＝㉑　**78**㊇＝**22**　**88⃝94⃝**100⃝106⃝112⃝114⃝＝**84**　107⃝118⃝＝㊆⑨
108⃝＝㊇⑨　㊉㊇103⃝109⃝115⃝121⃝＝㊇⑤　**110**＝**▲**　⑪⃝＝104⃝　⑰⃝＝**30**

第4谱 希望各位读者，无论怎样也请作一下复盘，以确认最后的结果是否便是令人欢喜的"和"。白23以下至白35，若按日本规则应为单官。但是，按照中国规则，单官也有一个子的价值，所以要一方一个地交替占完。

那个时代，中国的对局尚采用"还棋头"的规则。因黑、白方各有

47

三块儿棋，双方得失相等，因此只须清点黑或白方的子数，哪一方盘上的地与活子之和大于361的一半——180.5，哪一方便获得胜利。例如，取去盘中已死的白子，清点有多少黑子。在上边双活处的清点方法是，字母A处为2子，加上10枚黑△子，合计为"12子"。反之，若清点白子的话，则字母B处有3子，加上16枚白△子，合计"19子"。并且，双活的双方交接处C作折半计入，为"0.5子"。于是，双活的黑棋为"12.5子"，加上其他的部分总计为"180.5子"。白棋也是"180.5子"。由于"还棋头"双方的得失相当，最终结果为和局。一旦出现双活，由于C点为双方各得0.5子，因此便出现了和棋的可能性。

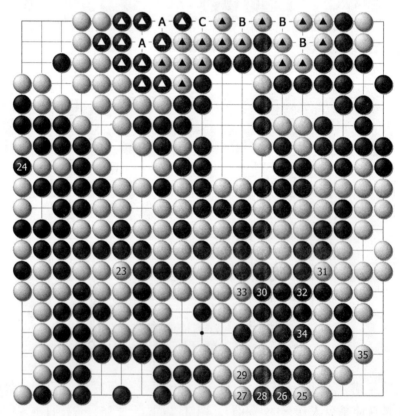

第4谱（323—335）

挑战黄龙士·徐星友的血泪

徐星友编集的《兼山堂弈谱》（1719年成书），选辑了自明末清初以来至康熙年间（1662年—1722年）的一众国手们的对局集。《兼山堂弈谱》作为对局集，获得了"近代第一"的高度评价。徐星友是继黄龙士之后的国手，自1685年至1715年，在长达三十余年的时间里统领着棋坛。

徐远，字星友，1644年出生于如今的杭州市附近的钱塘。自古以来，钱塘便以盛兴围棋而闻名，名家高手层出不穷。

后人对徐星友的文字记载，一如在过伯龄、黄龙士的传记中所见到的那样，褒贬不一、反差很大。但是，流传至今的如徐星友那般惊人传闻的，众位国手中再无第二人。我们打算逐一介绍，首先就从《寄青霞馆弈选》之略传的前半部分开始吧。

"杭州人氏。最初与黄龙士所弈的十局三子局，被赋名为'血泪篇'。此后，足不出户，闭门苦研三年，很快达到了国手的境地。由此，而萌生了对龙士的深深怨恨。于是……"

非常遗憾，此后的故事将在后面的篇章中介绍。"于是……"，徐星友对黄龙士做了什么？这"下一手"将是为怨恨所笼罩之人的故事，等待下篇的诸位，先请猜猜这"下一手"吧。

在《寄青霞馆弈选》中，收录了徐星友的对局谱九十八局，交手最

多的对手是黄龙士，有二十三局。与不太有名的棋士的对局谱也收录了，从资料的角度而言这是非常珍贵的，或许是得益于徐星友坚持记谱的偏好吧。

总之，从《寄青霞馆弈选》中可以了解到，"黄·徐"的因缘对局是从受四子（以上）开始的。

总谱 《寄青霞馆弈选》中，收录的"黄·徐"的四子局棋谱有两局，本局是其中之一。

对局过程中，常常是徐闭着眼睛横冲直闯，一副以头撞击万里长城似的奋战状。而黄则"来呀！来呀！"地引诱、挑逗。战斗接着战斗，徐的蛮力常常为黄所利用，遭到借力打力的反击。若以上手的视角来看，如此酣畅展开的棋局实在是难得一见。无论如何，都希望您能复盘体验

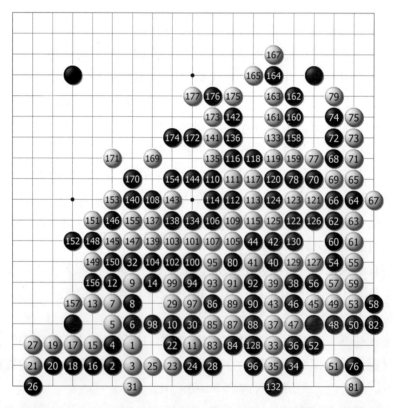

总谱（1—177）　黄龙士对徐星友（四子）　⑬⑯⑧=⑪　⑯⑥=❽

一下！

　　《寄青霞馆弈选》中选辑了十四局"黄·徐"的三子局谱，但不清楚是在"略传"中提起过的"血泪篇十局"的三子局之前，还是之后？本篇也将择一介绍。

　　第1谱　徐虽不像前面所介绍的四子局那样，死死纠缠，紧咬不放，但仍是一直坚持反击。

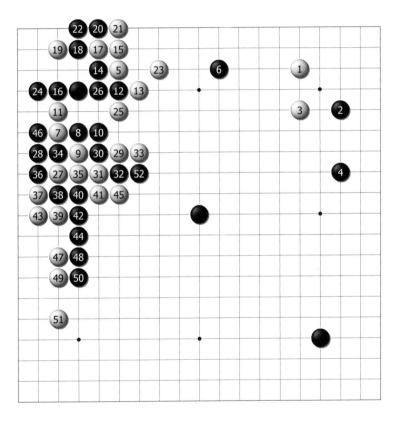

第1谱（1—52）　黄龙士对徐星友（三子）

第 2 谱　黑 66 于 67 位长、白 71，黑 66 是筋。黑 78 若 82 位冲，白 78、黑 90、白 84、黑 79、白 89、黑 A、白 B、黑 C 成劫。此劫黑恶。

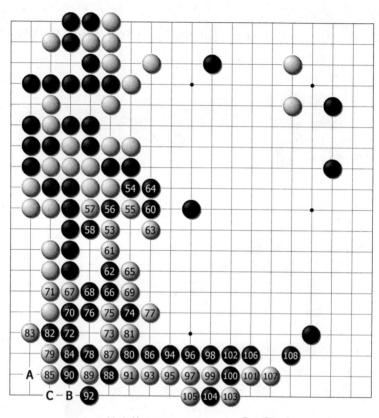

第2谱（53—108）　㊾=❺⓺

第3谱　黑10等若如1图黑1、3对攻，至白8必然。以下黑9的手筋至17一本道，白18提劫，将成为对白有利的缓一气劫。白18时，黑A则白B，黑差一气。白31以下，漂亮的治孤手法。白71之后，若黑A位继续追究，则白B以下依字母顺序至白H。另外，下边的对攻形成至白49的劫争，黑若胜得此劫，尚要费一番功夫，此劫极难对付。

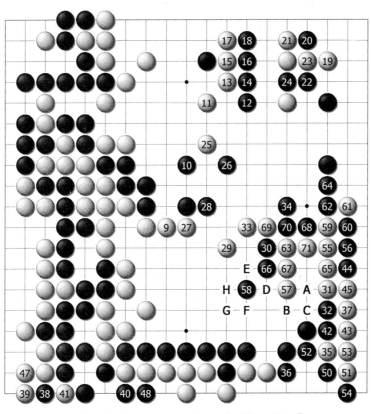

第3谱（109—171）　❹⓺=❸⓼　㊽=㊶

那么，本篇的内容就到此啦！下篇将为诸位介绍"黄·徐"十局三子局的"血泪篇"。如同字面之意，这包含血与泪的三子局究竟为何样的棋局？在这血泪十局之后，徐星友"于是……"便放出了怎样的"下一手"？

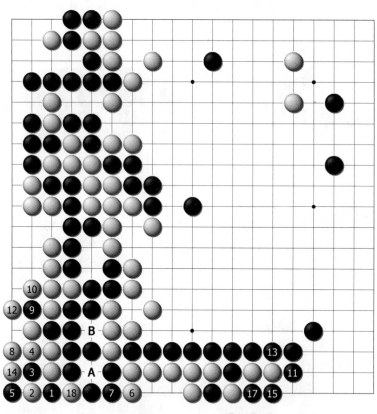

1图（1—18）　⑯＝❷

被怨恨所谋杀的黄龙士

对局的准确年代不是很清楚，但大致是在 1670 年前后。黄龙士让徐星友摆放好了三枚黑子，开始了受三子的十局（十番）棋，从而那个名为"血泪篇"的长篇故事便开讲了。从"血泪篇"的标题，联想到了类似如"凶残的上手""善良的下手"那样的故事结构。铁石心肠的上手肆意地欺辱下手，毫无还手之力的下手羞愧难当，哭泣着吞咽下带血的泪水。然而，关于徐星友的更多传闻，则是本应流血流泪的他，却暗地里窃喜，"看看他那副德行！"这究竟是怎么一回事呢？

"徐家非常的有钱，而且他又自负得令人厌恶。在上篇所介绍的四子局及三子局中，行棋对错姑且不论，但是他一手一手地都充满了自信，绝不会输的信念在着手中表露无遗。"江铸久如是说。

大财主，自负且心胸狭隘，强大的统领棋坛三十年的国手，这样的三种角色系于一身的话，出现负面的评价本就在所难免。但是，在"血泪篇十番棋"中遭到惨败的徐星友，相关的传闻却充满了惊人的贬斥之意。

《寄青霞馆弈选》中关于徐星友的略传是如下记述的。

"在血泪十番棋中遭受惨败的徐星友，此后回到了家中，闭门苦修三年，弈道大进，而内心却益发嫉恨黄龙士。于是，他频频来往于黄家。为获得黄龙士的信任，他奉上丝弦管乐及美色，引诱黄沉溺其中。数年之后，消耗殆尽的黄龙士一命呜呼了，徐星友遂成为天下第一的国手。"

在《棋道》上连载的《中国围棋外史》（1991 年 1 月号）一文中，却是如下介绍了黄的最后时刻。

"一天，徐邀集了从各地请来的数位高手，在华厦之中摆放好了三张棋盘。他激黄龙士说，'先生，能否与三人同时对战？'黄毫无戒心地答道，'虽觉勉强，战也无妨！'于是，黄龙士左支右架，展开了三面打。最后，黄龙士在三场对局中都取胜了。但在当天晚上，黄却吐血而亡……"

江九段认为，"这样的事儿大概不会有吧，不过是演绎的故事！在当时的中国，很多人因患结核病死亡。黄已年过四十，也许便是得了结核的吧。"

关于徐星友的一段恩怨故事，就此算是告一段落了。不过，《寄青霞馆弈选》中收录的"黄·徐三子局"中，徐竭力奋战的表现却异常精彩。更遑论"血泪十局"的棋谱啦，如若细细研判每一局的胜负过程，定然会充满了趣味。因此，查点手头的资料，发现由无锡邓元镇于光绪十三年（1887）成书的《黄龙士先生棋谱》（1987 年中国书店发行）中，第一局至第十局都已收录。其出处，源于《受子谱》（1810 年刊行）。十局棋中，有四局记录了胜负结果。《寄青霞馆弈选》也有完全相同的记载，不过，《寄青霞馆弈选》并没有将第一局至第十局的全部棋谱都进行记载。为何《寄青霞馆弈选》不做全部的记载呢？原因大概是对《受子谱》抱有怀疑吧。

按照《黄龙士先生棋谱》的对局顺序，黄龙士的胜负结果为：负、胜、负、不明（半目胜负）、负、胜、胜、胜、胜、胜。本篇将介绍第五局与第六局。

第 1 谱　第五局，徐弈得极为出色。黑 18 若 A 位拆二，白 B 将是狙击的筋。黑 30 以下至 38，简明之策。黑 62，根据地要点。黑 72 看错了，应黑 C。白 77 以下是黄之锐利所在。黑 80 如 1 图黑 1 以下的抵抗，至 2 图白 14、黑 15 成动。白在右上的劫材极为自慢，打劫黑不行。

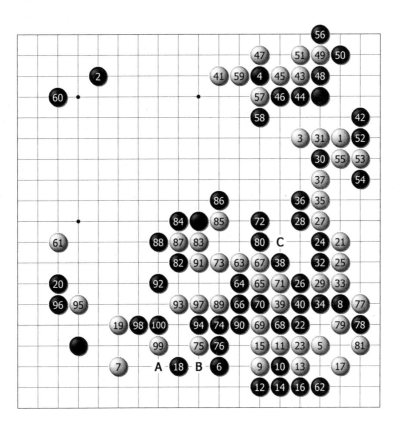

第1谱（1—100） 血泪十局之第五局 黄龙士对徐星友（三子）

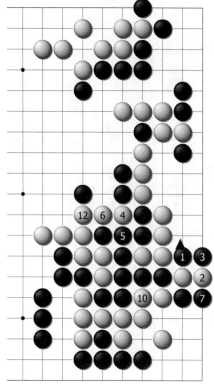

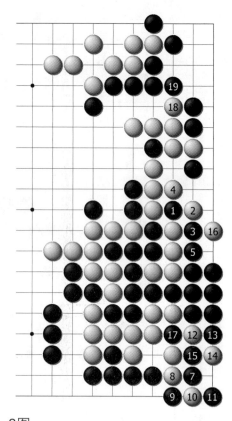

1图

⑧❶=△　❾=②

2图

⑥=❶　⑳=⑫

　　第2谱　在四子局，或三子局中，曾发生过徐瞬间的溃败。由于前谱的右下出现计算错误，似乎他又已面临败局。但是本局，徐星友应对得非常冷静，尽管本以为已吃住的右下一块白棋死而复生，但还是充分保持住了受三子的优势。

　　江铸久九段分析，"也许是到了第五局，心情稍稍安定下来啦。"或许，徐星友开始真正认识到黄龙士的强大与功力了吧！

　　此后进程再无大错，应为徐的完胜谱。

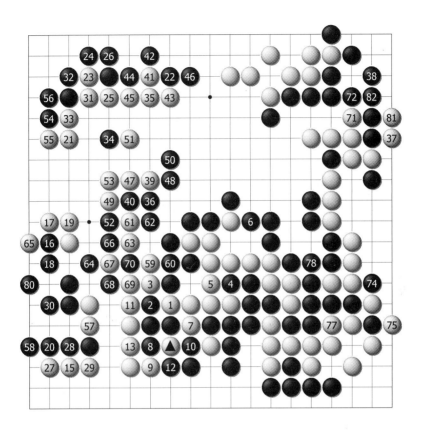

第2谱（101—182）　以下略　黑胜

⑭=▲　㉓㉙=㉖　❼❻=❼⓪

59

总谱 第六局，徐星友莽撞蛮干的毛病又犯啦，胡冲乱闯。黑32、34成为所有一切的开端（黑34应于36位立）。白37之后45位飞罩，巧妙地腾挪。以下至白57，显而易见，白棋获得成功。黑130后，白A位打，右边的黑棋难以保全。

江铸久认为，血泪十局棋中双方棋力的真实差距应为二子。由于徐那过度膨胀的自信，以及黄的深厚的功底，结果便成了黄的六胜三败一不明。黄龙士这位大天才，成为此后活跃于十八世纪的程兰如、施襄夏、范西屏等诸位大国手的坚固基石。

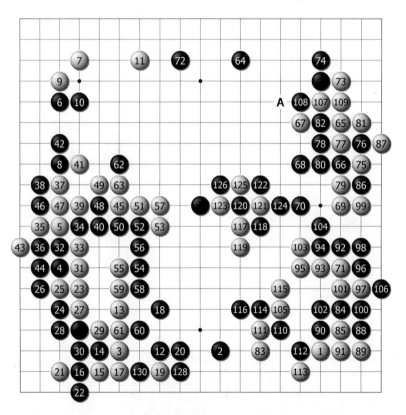

总谱（1—130） 血泪十局之第六局 黄龙士对徐星友（三子）
以下略 白胜 ㉗＝⑫① ㉙＝⑫⓪

挑战徐国手的青年梁魏今

结核病，以往被认为是一种非常可怕的疾病，如今因结核病而死亡的事只是偶有所闻。

在清朝的时代，吐血而亡的事情并不鲜见。因为是对局次日便吐血而亡，便会有人猜疑是被某某人殴打致死的吧……在日本，最有名的事件是本因坊丈和与赤星因彻的"吐血一局"。总之，结核病究竟如何的恐怖，当时的人们还是很清楚的。

在上篇中，介绍了有关徐星友针对黄龙士，什么"诱其沉溺于音曲与女色中，黄亡后而成为天下第一的国手"，什么"陷于三面打圈套而消耗殆尽的黄龙士，吐血而亡"等等惊世骇俗的传言。此类传言中对徐星友充满了极端的恶意。

黄龙士是前清时期、十七世纪的大天才，因为他，围棋的水准获得了飞速的提升。不过，在黄去世的1680年代，应是吴瑞徵、何闇公、江天远、卞邠原、张吕陈、朱嗣升、周西侯、娄子恒等等名手们群雄割据的时代了。尽管认为，"黄亡后，徐终成天下第一国手"确为事实，但其前的谋杀之说太过牵强了。原因是相比其他的名手，徐最终还是实力更强吧。徐出入黄龙士的家，如内弟子般随意自由，若要偷学黄龙士的棋艺，并不会是难以办到的事情。

徐星友，约在康熙二十四年（1685）间成为国手。不久之后的1692年（一说1690年），程兰如出生。程在二十岁出头，将徐从国手的宝座上拉了下来。程徐间的十番棋，将是下篇要讲的故事，本篇将介绍徐星友与梁魏今的对局。《寄青霞馆弈选》中如下记叙了梁魏今的事略：

"山阳人，与程兰如为同一时期的著名棋士。虽在当时被并称为梁程施范（梁魏今、程兰如、施襄夏、范西屏），但梁是施、范二人的前辈，至今保留有他指导范的三子局棋谱。据说，施襄夏年幼时曾被让先，与梁、程二位前辈对弈数局，由此而勉力学艺。梁魏今，又有会京、魏金、汇经等等各种称谓。"

《寄青霞馆弈选》中，收录的梁魏今实战谱有九十七局，如果再算上名为"梁书堂"的那一局，则为九十八局。而且，在正册的第七卷中，还收录了指导范西屏的三局（二子局）棋谱。由此二子局中，可以窥见后来成为大清头一等大国手的范西屏的只鳞片爪。这些记录，展示了梁魏今是个极难对付的高手。《寄青霞馆弈选》的梁魏今传略中所提及的"三子局二局"是否便是正篇第七卷中"二子局三局"的误笔，或者是另有未收录的棋谱，就我们现有的资料来看，尚难判明。

总而言之，梁魏今与程兰如堪称一对好敌手。在所收录的九十七局中，二人之间的对局便有压倒性的三十二局之多。并且，传略按"黄龙士→徐星友→梁魏今与程兰如→施襄夏与范西屏"这样的顺序关联排列，也显现出了国手之间的承继渊源。这一顺序排列讲述的是关于中国围棋的故事，大国手黄龙士使中国围棋水准得以飞跃，施襄夏与范西屏将之进一步推向了顶峰。

以下，本篇将介绍（寄青霞馆弈选》中收录的徐星友·梁魏今的三局对局中的一局，此局也被徐星友收录于《兼山堂弈谱》中。也许是自信满满的徐星友，认为自己弈来得心应手，方将此局采录的吧！

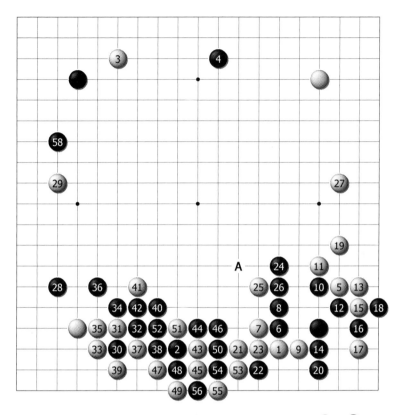

第1谱（1—58）　梁魏今（白）对徐星友　㊗＝㊺

第1谱　执白的是梁魏今。黑6以下至20止，为当时的定式。江铸久认为，白17沦为送死，黑好。白29手于37位缔是一级大场。白43以下至57止，白恶。白43应A位尖。

第2谱　黑62，被徐评点为"神全势壮"，似如神祇般威重降临的意思。趾高气扬，自吹自擂得"令人厌恶"吧。这一带是白棋不易的形势。黑72、74冲断以下，白方巧妙应对。白101，手筋。白103之后至111止，白棋形势好转了。

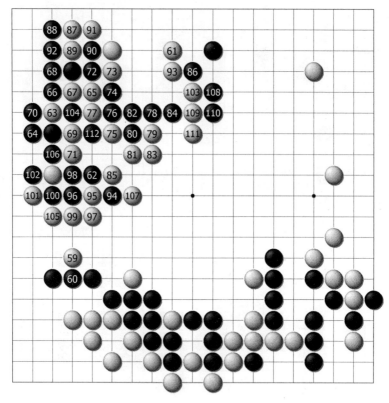

第2谱（59—112）

第3谱 白13应18位挂右上。白27应31、黑32、白28，如此应对。白39若95、黑53、白42、黑40、白41、黑44、白A的话，黑棋做不出两只眼。黑方只能在那里进行变化啦，但是变化又很困难。白39若95位打，白棋就逆转啦。黑50是打赢白51、黑52之劫的算计，实际上，这是黑棋自得的劫争。引诱白51、黑52开劫，至白85的劫材时，黑86提通消劫。黑94，封住了白B位的策动，分寸拿捏适宜的好手。至此，江的评点结束。

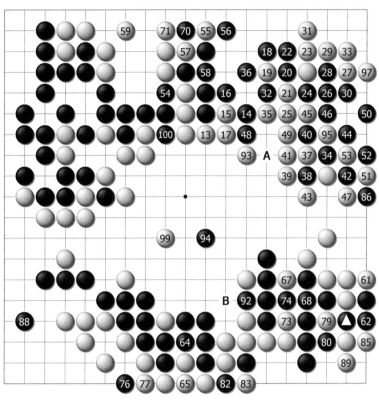

第3谱（113—200）　⑥⑥⑥⑦⑧⑧=㊷　㊿㊿㊿㊿=㊾　㊿=㊾

㊿=▲　㊿=㊷　㊿=㊾　㊿=㊿

《寄青霞馆弈选》中所收录的"徐·梁"的三局棋，均为梁执白先行。

考虑到第1谱白43以下及第3谱白39手的不足，判断本局也应是梁在年轻时的棋谱。

当时，他的棋力距名享天下的"梁程施范"，的确差得很远。

65

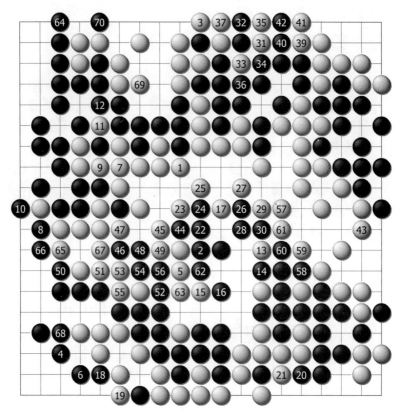

第4谱（201—270）　黑胜　❸=㉝

66

程兰如击败徐星友

康熙朝间，以"黄龙士→徐星友→梁魏今与程兰如→施襄夏与范西屏"为流派传承的大清一众国手们，群星璀璨。康熙帝死后，施、范二位大国手将大清的围棋水准推至了最高峰。本篇所要介绍的内容，则是发生在施范二人之前的故事。

1685年前后，在徐星友成为待望已久的国手时，梁魏今与程兰如也出生了。梁的出生年月不详，但程似乎是生于1692年。范西屏生于1709年，施襄夏生于1710年，在孩童时期，"施范"曾接受过"梁程"的指导棋。

程兰如生于安徽的歙县，名慎诒，字兰如，号"钝根"。

《寄青霞馆弈选》中的程兰如小传是如下讲述的："程的资助人谋划了国手徐星友与程的十番棋战，结果程获胜。败阵的徐星友，最终不得不沮丧地回到故乡……"徐程的十番棋是在1715年或1716年进行的，已至高龄的徐，棋力渐趋衰落，而二十二三岁的程兰如，却正值风华之年，棋锋日劲。尽管是自然规律使然，但如前面内容所接触到的那样，对徐星友的评价不乏贬斥非议之处，常常以反派人物待之。

《寄青霞馆弈选》中，徐程的对局收录了十局，这十局是否便是那十番胜负棋并不清楚。不过，八局记载有胜负的结果，为程的六胜二负。其中，三局的结果为半子（日本规则为一目）胜负，为程的二胜一败。

67

假如这十局便是那十番胜负的话，那么徐星友真正是以老迈之躯在奋战着。就内容来看，大多是他竭力顽抗的局面。

程兰如的对局在《寄青霞馆弈选》中收录了一百一十八局。其中，分先与老对手梁魏今的有二十二局，数量最多。

十一世林元美曾有一文，题为《清朝的棋士程兰如之事》，载于1849年刊行的《烂柯堂棋话》。江户时代后期的弈者，对清朝国手们的棋力是如何判定的呢？因颇有一些意味，试做介绍。

"《画舫录》中说，'程兰如的围棋，不及施范。而象棋应称国手'。（略）安永时期，刚有一部棋经之类的著作传到了江户。当时，本因坊察元和井上因硕，以及其他的前贤们，对大清棋品进行了评论。据说因师匠烈元询之，因硕道，'大约为三四段水平吧'。察元说'如此的话，

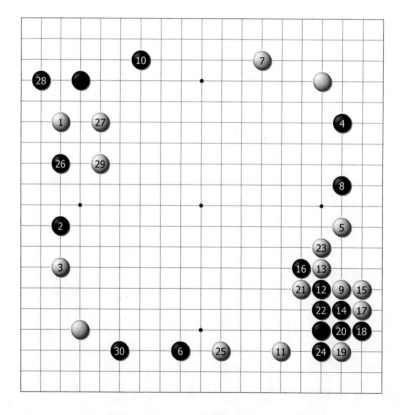

第1谱（1—30）　徐星友（白）对程兰如

我们应在其上啦！'烈元记得，谈及徐星友时，评价是'以日本风格来看，似很精巧'。"（平凡社刊《东洋文库》）

　　江户时代的弈者对中国围棋的评价之低，包括对施襄夏与范西屏的评价，的确令人吃惊。由于下篇将研究"施范"的决战，因此届时也想介绍一下 江铸久的反驳。

　　那么，本篇就为诸位奉上《寄青霞馆弈选》中收录的"徐程"十局之中的两局。

　　第1谱　程兰如执黑棋。对于黑16，白17之后19、21是好手顺，至黑24是当时极其流行的定式。黑26以下至30止幸便搭车，黑方处处争先。

　　第2谱　黑46的先手利，好手。走成了白59、61，黑46的先手便宜，

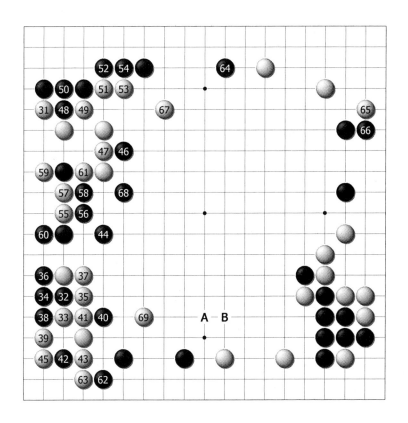

第2谱（31—69）

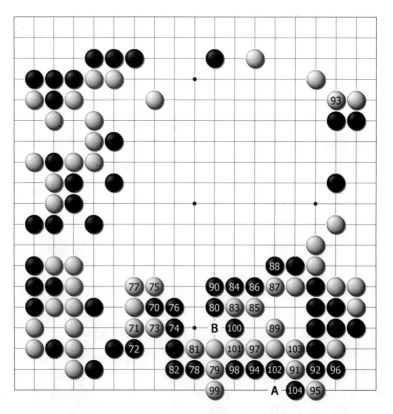

非常自得。白69是恶手。白69手应A位飞罩，或B位跳起，补强下边白二子的同时，伺机欺负下边的三黑子。实战侧重于较强一块儿白棋的白69，偏离了作战应遵循的基本法则。

第3谱 虽属当然，但黑70的碰却是手筋。在压迫左边白棋的同时，攻击下边的白二子。待白77位粘时，黑78先定形后80位镇，是为黑好调的攻击，黑方就此确立了优势。

白93，误算。被黑94位点在急所，白已无计可施。黑104一击毙命。此后，黑A与B两点必得其一，下边的白棋顿死。

第3谱（70—104）

70

第2局 本局为程的白棋。收录至223手，结果为程的"半子胜"，按日本规则即为一目胜。谱中，省略了黑104以下的手数。左下，白95、97，漂亮的手法。白101、黑102位渡过，白的优势显而易见。

"程自年轻起便热心于研究棋艺，徐星友的输棋很正常。"江铸久说。试将十七世纪与十八世纪初作一比较，在对局的布局方面发生了显著的进步，第1谱的黑26以下至30等，便是一个明显的示例。

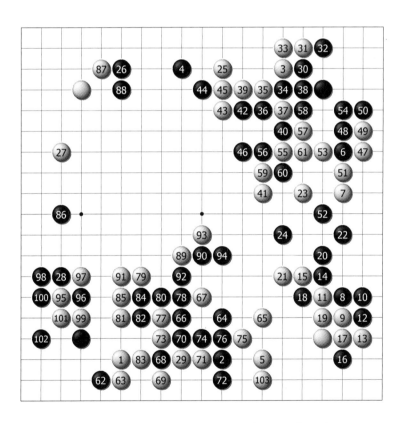

第2局（1—103） 程兰如（白）对徐星友

中国围棋的真髓——施范决战

　　如前几篇已经有所了解的那样，似绵延山脉一般的" 黄龙士→徐星友→梁魏今与程兰如"这样一个大清围棋国手承继序列，由范西屏与施襄夏带到了顶峰。

　　范世勋，字西屏，生于清康熙四十八年（1709）。施绍闇，字襄夏，号定庵，生于1710年。这对宿敌，两位未来的大国手，竟非常偶然地出生在相同的地方——浙江省杭州市东北约五十公里的海宁。围棋应是国力隆盛的和平年代的产物，在这样的时期，不仅仅是日本，中国的棋力也会得到极大的提升，围棋的普及也更加的广泛。强盛的清代，最强的大国手"施、范"同为海宁的摇篮所养育，这或许是冥冥间命运之神的安排吧！

　　自本篇开始，将以大约三四个篇章的内容，为诸位讲述施范二人的棋和故事。我们将逐渐介绍他们的为人及一些小故事，并将他们的生养环境、行为方式、棋风特点等等加以对照。在举止行为更加引人注目的范西屏这方面，令人愉快的故事非常多。人常说，双雄不可并立。但是，对于"范施"二人而言，此话却是例外。二人习弈之初，受教于同一位师父。由于相互间熟知脾性，彼此敬重，因此二人的友情如春风般温馨和煦。

　　清乾隆四年（1739），双雄在浙江省嘉义的平湖（又名当湖）对弈十数局。时年，范31岁，施30岁。同为大国手，他们之间的对抗激烈异常。有钱的人争先恐后地参与这场绝世之战。每一局，或对这十番棋，他们都投下了巨额赌金。"范厉害！""施厉害！"……诸如此类的争执甚嚣尘上。

在《寄青霞馆弈选》中，收录的施范对局有十一局。究竟哪一局是在平湖下的，却不明了。陈祖德九段曾以《当湖十局》为题，著文对这十一局中的十局进行了极为详细的解说。限于篇幅，我们仅就重点之处进行介绍。因为对局过程极为激荡人心，我们觉得无论如何在阅读的同时，在盘上复出棋谱最好。

施范的十一局棋中，无一不是充满了高昂的斗志。兵锋所指，全力争胜。见不到一丝一毫的斯文雅气，纯粹是彻头彻尾的短兵相接，贴身肉搏。

第1谱 从始至终，连绵的激战。执白棋的范西屏于63位断，展开了第二轮的作战。

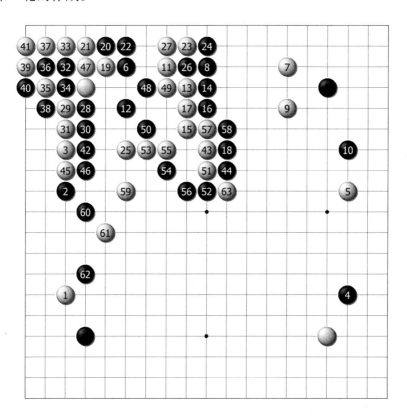

第1谱（1—63）

第2谱 黑66应67、白A、黑66，如此应对。施认为，黑80如1图黑1挺头，白2以下至12止为一本道，白四子被吃。不过，施不愿至白12被白先手联络。通过复杂的计算、较量，形成了实战至黑94的转换。白95以下，展开了第三轮作战。此后，施的妙着，终结了本局。

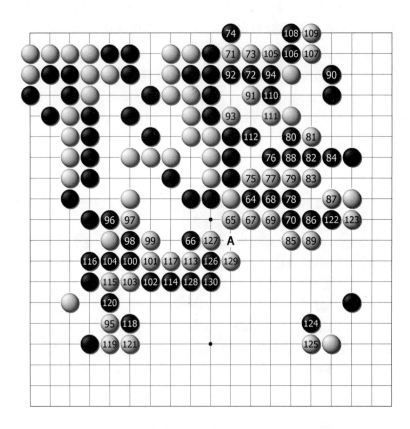

第2谱（64—130）

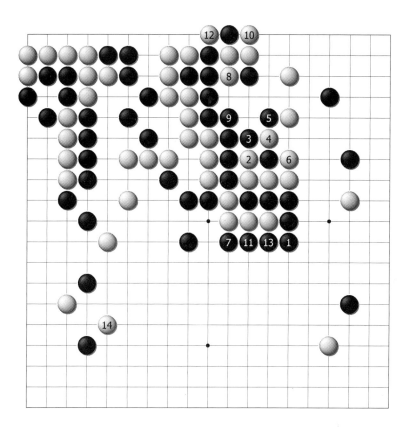

1图

第3谱　白59时，黑60的碰堪为绝妙手。运子如飞、变化自如的范西屏，也折服于黑60的碰了。

对于黑60，如2图白1冲。然而，黑2断打后，4位挡变成了先手。接下来，若白A位抱吃的话，黑5的扳显而易见。无奈，白只好5位退。于是，黑6之后12位的断成为先手，至黑14、16，白崩溃。

白61无可奈何，黑62以下简明地定形。此后，范在右上角内动手反击。白75以下的次序苦心孤诣，至白95得以生还。不过，黑98抢到了最后的大点。白109、黑110的劫争似绵绵无休，但白棋最终回天乏力。

上篇中，介绍了《烂柯堂棋话》中记述的对中国棋力的评价，大致的意见是"相当于日本的三四段"。

75

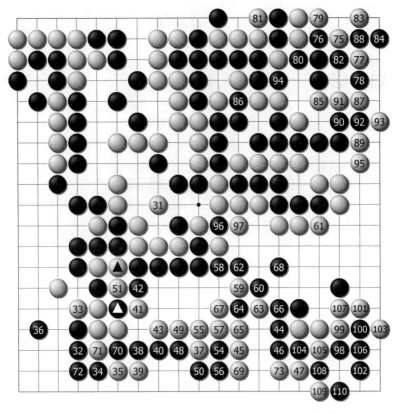

第3谱（131—210）　以下略，黑棋9子半胜（日本规则为19目）

㊾＝▲　㊼＝㊶　❼❹＝▲

　　江铸久九段则认为，当时的中国对局采用"还棋头"的规则，而且中国的棋战多以有钱人悬赏为主要形式，并不允许长时间的对局。而日本的各大家之间交锋激烈，已经形成了职业制度。即使是考虑了当时的国情，以及规则的差异，中国棋的算路之精深绵密，对局内容之惊心动魄，都可谓是超群的。特别是对"范施"所谓三四段的评价并不正确。读者诸君，您认为如何呢？

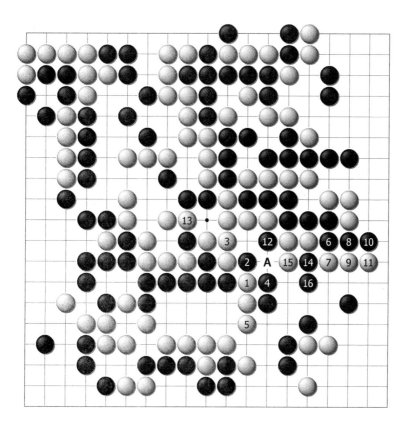

2图

力量的冲撞——范西屏代表作

中国国手中的顶尖人物范西屏与施襄夏，都出生于距浙江省杭州市东北约五十公里的海宁。范生于1709年，施生于1710年。生长于同一块土地，年龄相差一岁，或许这便是隐隐间命运的造化吧！被称之为"施范"的两个人，如果对他们进行一番 全面对照的话，结果会非常的有意思。施属于深思熟虑型，范则眼明手快；在性格方面，施沉着冷静，范重于行动；施生长于书香门第，范则为庶民出身。或许便是因为两人之间的这些差别，历史上流传下来的故事中，关于"好动的范"，多使人心情愉悦。

有个故事说的是，范西屏在十岁至二十岁之间的十年中，徒步遍游各地，习练棋艺。到二十岁时，他的棋力已达顶级。

首次参加安徽省庐江的棋会时，一位看似人缘不错的棋手败相显露。或许是自恃力大吧，他的对手竟连续走出无理手。尽管如此，这位棋手仍无力还击，似乎是难逃被对手轮番痛击的结局啦。实在看不下去的范西屏，不假思索地出言相助。当时的对局几乎都是赌棋，结果形势遭到大逆转的对手勃然大怒。

"敢说出口，你敢下吗？"

"下又如何！"

说罢，范由怀中取出一锭大金，算作赌资。与会者一见神色大变，暗想，

"肥猪拱上门来啦！"纷纷报名，抢着下注。范西屏又道，"你们大家不妨一起商量着战我，如何？"然而，众人皆非敌手！

于是，庐江排名第二的高手——富嘉录闻讯后立即亲自出马。富被受三子，结果溃不成军。接着，排名头号的倪克让被受先。传说，刚刚下罢十几手，倪便言道，"您是范西屏先生吧？"随之，转向目瞪口呆的众人，肃然道，"众位有谁认为自己是范先生的对手？"于是，倪请求受四子局，并以师徒之礼相待。

以上的故事是我们对《棋道》上所登载过的中国围棋外史的内容，稍稍地作了一些改编。

接着前篇，继续介绍《寄青霞馆弈选》中收录的十一局施范对局中的一局棋。

第1谱　白1以下至13止，卓然古风的布局。黑30于36位碰是腾

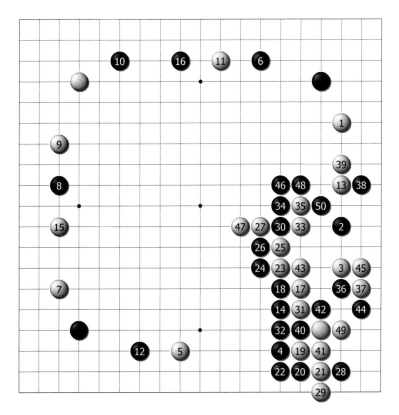

第1谱（1—50）　范西屏（白）对施襄夏

挪的筋。白31机敏，以下至白35，白成功。黑36是妙手，但黑38多余，直接着手黑40以下即可。白49冷静，准确地判断了作战的形势。

第2谱　白55以下，好次序。白65下得过分，如1图白1以下至3、5止，简明。黑74几近败着。此处，如2图黑1位断，白2以下成为必然的手顺。以下至黑13位渡过，胜负为时尚早。实战黑74位粘，形成了黑不易的战斗。白83之后，白87展开了严厉的追杀。之后，胶着的战斗绵延持续，但是黑苦战的局面一目了然。

江铸久认为，本局将"古棋的力量发挥得淋漓尽致"。优势局面下的范西屏，的确是毫不手软。

在由成都市的蜀蓉棋艺出版社1987年出版发行的《当湖十局细解》一书中，作者陈祖德九段对"范施"的每一局都做了极为详尽的解说。他对本局的结论是，"大国手范西屏的代表作"。

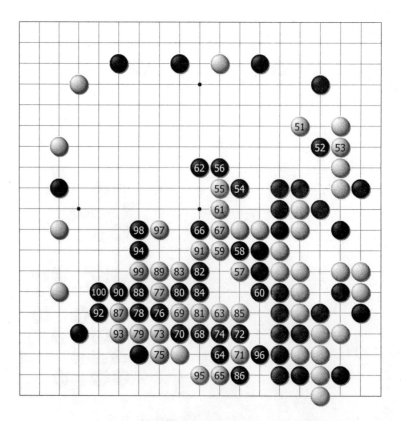

第2谱（51—100）

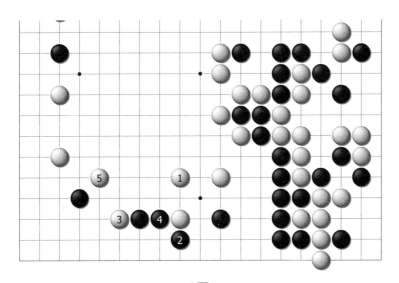

1图

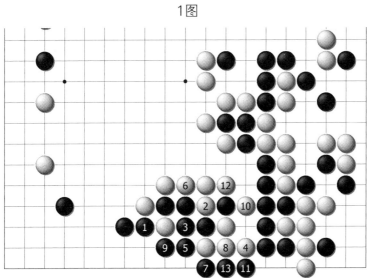

2图

此外，本局是执白棋的范西屏胜"14子半"，以日本的规则就是29目胜。在第4谱的右上角，白15、17以下的锐利追击，无丝毫松懈。所收录的"施范"的十一局棋谱，也全部都是下至最后。笔者推测，这大概不仅仅与胜负结果有关，而且与输赢的目数多少有关，也就是说涉及什么祥的"目碁"。分别支持"施范"的主顾们，以目碁设定赔率，二倍或三倍，从中寻乐。人类的想法，在哪里都是类似的。

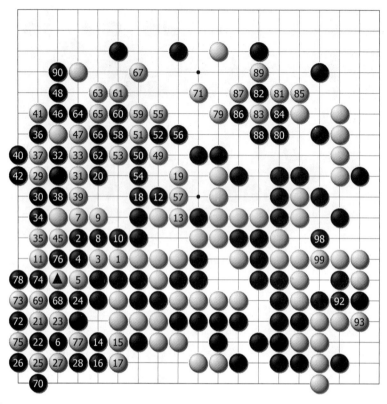

第3谱（101—200）

43＝37　　44＝29　　91 97＝83　　94 100＝82　　95＝▲　　96＝5

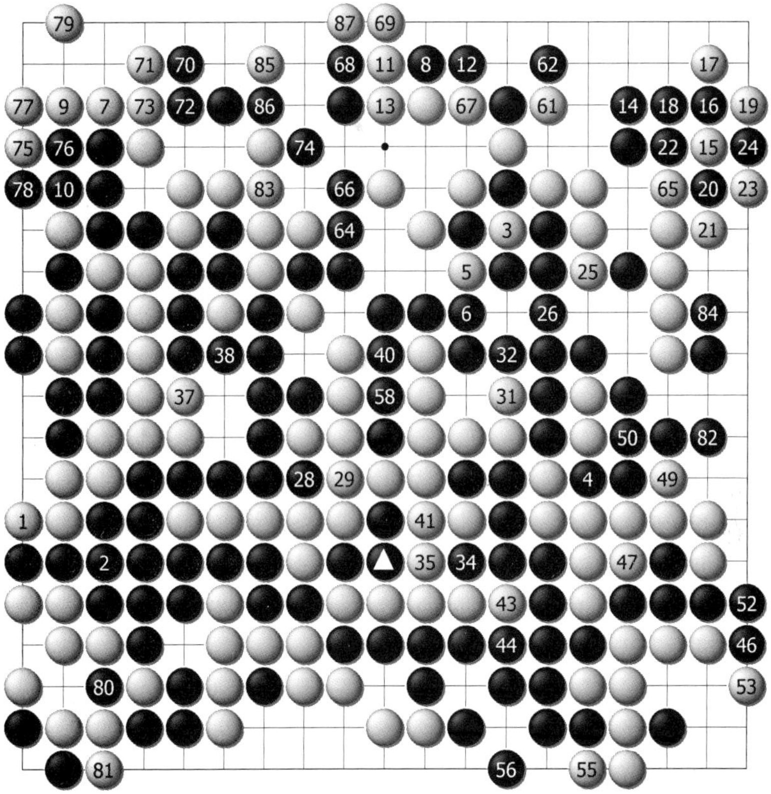

第4谱（201—287）　白胜14子半

㉗㉝㊴㊺(51)(57)(63)=⑮　❸⓿❸❻❹❷❹❽❺❹❻⓿=❷❹　(59)=▲

面对强腕的范西屏

在施范大战的间隙，本篇先推荐范西屏与胡肇麟的一局受二子局。胡肇麟是在江苏省扬州做盐生意的商人。

"盐业专营是属于国家委任的公职，规模也非常地大。经营的范围不仅覆盖了福建省的全部，并且远达台湾。一百多年以前，在我祖父的年代，一年的利润就达数十万两。故此，作为家境殷实的世家，吴家与陈家、林家、沈家一起，并列为福州的四大名门之一。"（白水社刊《以棋会友》）

吴清源九段的回忆录中是如上记述的。

扬州是运河水路的交通要冲，远自日本人派出遣唐使的年代，便已是为人熟知的商埠之地了。这里又是一处棋风极盛的土地，前面曾经介绍过的"明末清初"的"扬州决战"，或许诸君还会记得。

胡肇麟的棋，属于地地道道的古代中国的争棋路数。在《寄青霞馆弈选》中收录的胡的棋谱中，分先局有三十九局（与程兰如的二十五局，与梁魏今的十一局，与施襄夏的三局），二子局有二十二局（与范西屏和施襄夏各有十一局）。程与梁都是比"施范"稍早的国手。从保留下来的对局谱以及流传下来的故事想象的话，似乎年长的胡在表面上对"施范"态度可亲，敬重有加，但是在棋盘之上，却判若两人，横冲直闯，粗暴异常。

胡大财主与"施范"下的是"一子一金"的赌棋。所谓一子,以日本的说法即为二目。关键不是胜负一局输赢多少,而是"一子(二目)一两"的赌注基数。

第1谱·第2谱 为范西屏与胡肇麟的十一局受二子局中的一局。业余棋手也许对本局很感兴趣啦。白棋轻松闪躲,借劫争腾挪处理,避过自恃力大的胡的轮番强手,最后以第2谱白79的致命一击,结束了对局。

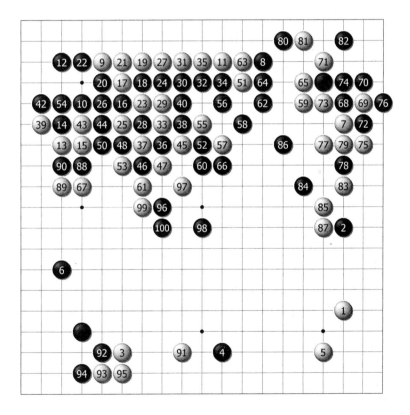

第1谱(1—100) 范西屏对胡肇麟(二子)

㊶=❷ ㊾=❸⑥

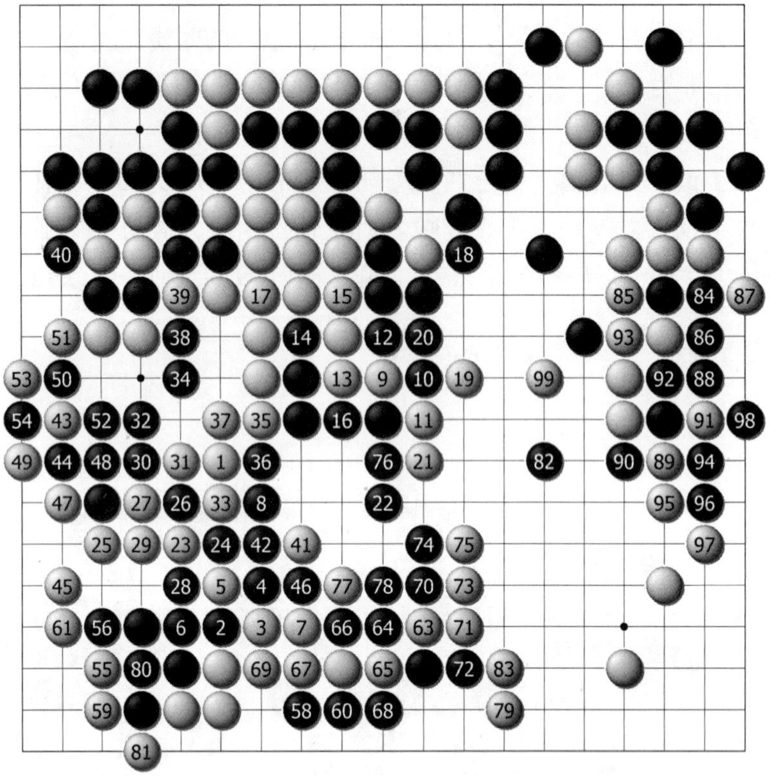

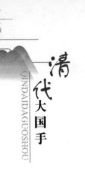

第2谱（101—199） (57)=㊸ (62)=(54)

江铸久则从专业棋士的角度，选择了另一局受二子局。

第 1 谱 白 1 挂后 3 位三间拆逼，这是范西屏在受二子局中最为擅长的开局手法。当时，尚不重视抢占空角或缔角。黑棋 18、20 冲断之后，开始了战斗。白 27 肩冲后 29 位靠，行棋的筋。黑 32 是俗手，此手 35 位双是棋的形。白 35 位夹以下发起反击，37 位的断严厉。以下成白 39、41 的结果，为白有利的战斗。

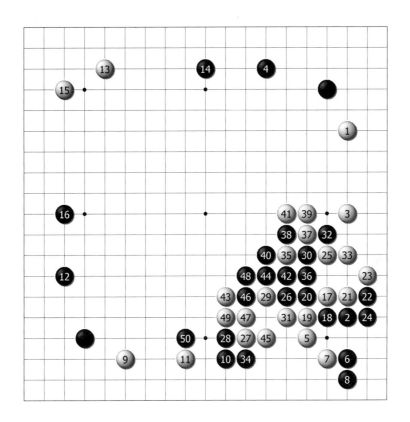

第1谱（1—50）范西屏对胡肇麟（二子）

第2谱 拾先占到了白53的急所。对黑54，白55、57连扳漂亮。在此，范西屏的才能一展无遗。当时的中国，实行的还是"还棋头"的规则，三三点角通常很小。不过，在此时白67变得很大。白87飞压后93、95的靠断是狙击的筋。

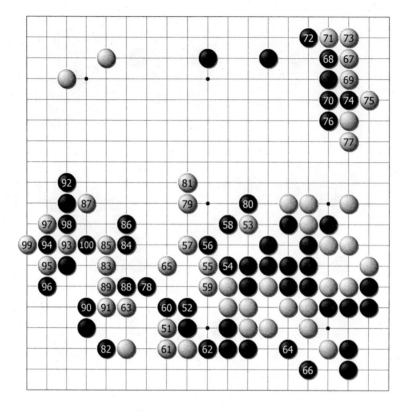

第2谱（51—100）

第3谱 形成了白1的劫争。至黑6、8的转换次序正确，而且稳妥地告一段落。黑10碰以下至22止，也是一般的尺度。白23后25位靠的治孤手法也非常精彩。

关于范与胡的扬州对决，后世流传着一则有趣的故事。在对局的中途，胡的体力一旦不支，便称病封盘。然后，派人将棋谱送至施襄夏的居处，大概是骑马吧。接着第二天续弈时，便以妙手解消了困局。于是，心知肚明的范西屏说道："怎么？定庵人不在，却会见到他的手段！"言毕，"哈哈哈"地大笑。

下篇，将介绍施襄夏的四子局。

88

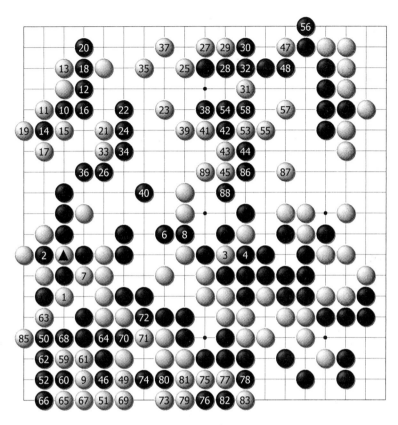

第3谱（101—189） ⑤=▲ ㊙=㉒

施襄夏的征子大作战

　　在《寄青霞馆弈选》收录的棋谱中，对局者有名姓的共八百四十八局。其中，二子局有一百七十七局，三子局有五十七局，四子局有二十七局。"范施"二人的占有二子局棋谱总数的三分之一。在三子局及四子局的对局数量中，施襄夏与范西屏的占比更是猛然增加。三子局中，施有十二局，范有十八局；四子局中，施有十三局，范有八局。在三子局及四子局对局数量上继"施范"之后引人注目的是黄龙士，计有十四局三子局、三局四子局被收录。

　　从收录的三子局与四子局的局数中也能够了解到，活跃在十七世纪后半叶的黄龙士，与活跃在十八世纪初至中叶的大清顶尖国手"施范"，弈坛都有着何等的评价！

　　并且，施襄夏所著《弈理指归》（棋理的心得）与范西屏的《桃花泉弈谱》是清朝的两大著名的围棋著作。施作重视棋理及思路等战略方面的研究，范作则将序盘至中盘的战术放在重要的位置。有趣的是"沉着冷静的施襄夏"与"积极果敢的实干家范西屏"，即使在 各自的著述中，也形成了极其鲜明的对照。

　　本篇将选取一局施襄夏的四子局，本局的精彩之处就在于围绕征子所展开的攻防大战。

第1谱 黑42之后46位断，对自己的力量极为自信。

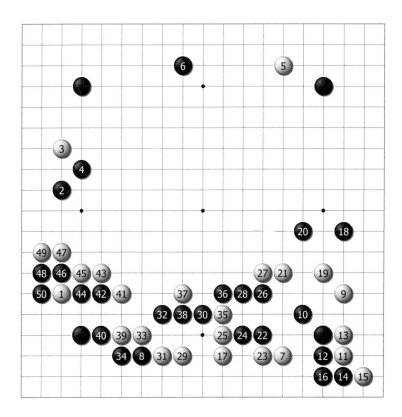

第1谱（1—50） 施襄夏对张振西（四子）

第2谱 对此，白57的断是手筋。黑58若59位抱吃的话，白A，尾巴上的两颗黑子就掉啦。黑84断后走成86位长头，现在白B、黑C、白D的征子，白棋不利。不过，白方借助征子发展的方向将使己方的子效得以充分发挥。近乎绝对的先手便宜，围绕着征吃所展开的攻防大战不同寻常的有趣。进而，被受四子的张振西，对本局的记载更是非同一般。首先，看一下全文。

"黑84位分断之后，由于白的所有征子都拥有先手之利，因此黑全盘都陷于困难的局面。由于这一手，本为受四子的棋份，已不配啦。不过，承教于施范两位先生的数局获益的确匪浅，变化真是不可思议，行棋之间似已魂出体外，妙手迭现。特别是本局的85手之后，白棋着着压迫黑

棋，茫然不知如何应对之间，已被传授以神来之妙手。此文附于谱中，赠佩良自珍。"

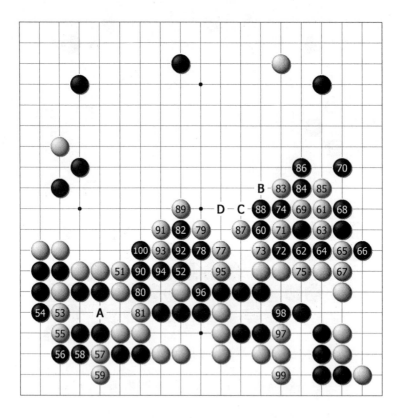

第2谱（51—100）　　**76**＝⑦①

第3谱　白 11 以下至 17 止，尽管白征子不利，却依然开始了征子追杀。白的目标是横贯于下方的超大块儿黑棋。瞄着征吃黑中央的同时，白 21、23 切断开黑与左侧的联络。黑 24 原本是 26 位征吃，只此一手，但此后被白 29 至白 35 一路驱赶，当黑 36 时，白 27 一子发挥了作用，黑将陷于窘地。

第 3 谱黑 28 位尖时，白 29 以下至 43 开始了进一步的追杀，虽然依然是白的征子不利。终于，围绕着征子的交锋达到了顶点。白 53 时，黑 54 位跳。

92

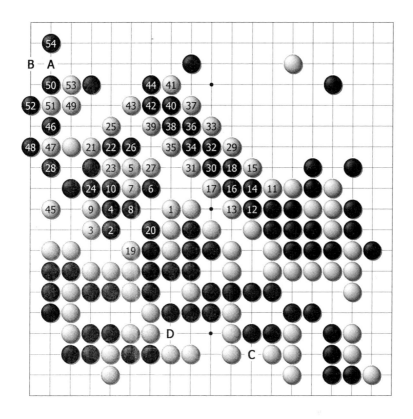

第3谱〔101—154〕

高木祥一九段所著的《天下奇谱与奇手》（日本棋院出版）一书中，选用了本局。高木九段演示了第3谱黑54手如1图黑1位退的变化，如此的话将走成至白10、12，正落入施襄夏的算路。施疏忽了，大鱼已经钻进征吃的大网！白53时，黑54是"神运的一手"。白53如2图白1，以下将是宏大的引征图。若是如此的话，征子大战将会是戏剧性的收场。

《寄青霞馆弈选》记载的手数至第3谱的黑54止。此后，若白A、黑B开劫的话，黑有C、D那样的劫材。但是，江九段指出，这里白棋有妙手狙杀黑大龙。见继续图，白1、3交换后，5位打吃一本道，妙！然后13位托入。至此一气呵成，强杀了黑棋大龙。计算力之深之强，令人惊叹。张振西与佩良为何等关系，并不清楚。也许，佩良是张的枰上

93

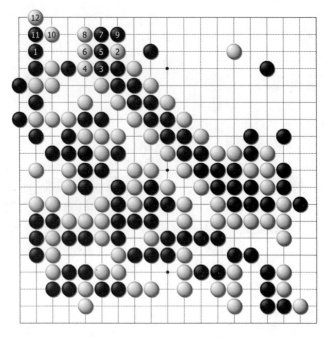

1图

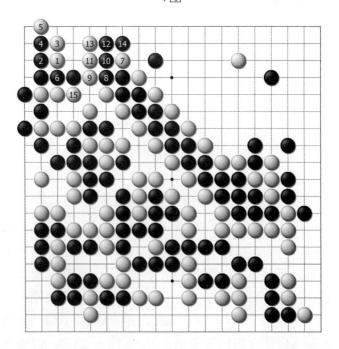

2图

对手，或者是他的师长。张文中，尤其显眼的是"神游"与"神运"的用词，查阅藤堂明保的《学研汉和大字典》，知道所谓"神游"，即"魂灵摆脱肉体拘束的享乐，被认为是仙人术"。由棋谱似乎也可以想象，此局弈罢，张是何等的神思遐想之状。的的确确，围棋堪称是神游物外的手谈。

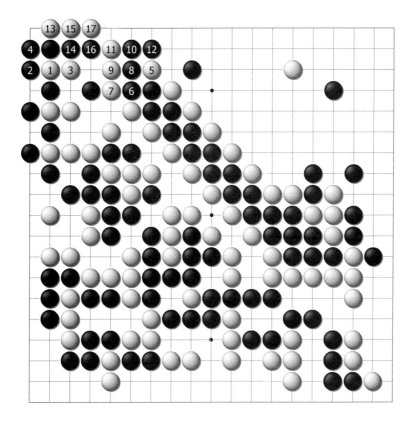

继续图

晚清的大国手——陈与周

迄今已经连续四篇，介绍了生于十八世纪初、直至十八世纪中叶都非常活跃的范西屏与施襄夏。

对并列于大清时代最高峰的顶尖大国手"施范"的晚年非常了解的是出家人"僧秋航"。一种说法是，僧秋航活了一百一十九岁，而另外的说法则是他寿近百岁。僧秋航，生于江苏省的仪征，后长居于北京的禅寺，有"围棋即禅"的名言传世。他曾放豪言，如"棋为修业之道"，所以不必多说，定是不分昼夜，临枰习弈的啦。

尽管是出家之人，这位师父却好酒，也吃肉。那么，就算一位不守规矩的出家人吧。常常是修禅打坐着，调匀了气息，便就入了梦乡。不守世间的任何规矩，自由自在神游四方，真是位参透了尘俗的化外之人。

就是因为活得自在才长寿的吧，还是因为"围棋即禅"之故而长寿的呢？已至高龄的僧秋航，晚年时将一位少年人纳入了门下，这便是以后成为晚清大国手的周小松。蜀蓉棋艺出版社于 1985 年出版的《中国围棋》一书中，有如下的记述。

"周鼎（周小松的本名）在十八岁时，从名手僧秋航学棋。二十一岁时，棋力已成为四番手，与陈子仙并称为'晚清的双璧大国手'。"

仅逊于国手的名手僧秋航，他的棋谱在《寄青霞馆弈选》中收录了十四局，其中包括与周小松的两局分先棋，与陈子仙的四局分先棋。

总谱 本局大概是在周小松二十一岁、棋力升至四番手时所弈。1820 年左右，周小松生于扬州，殁于 1894 年。算起来，对局时间大致是在发生鸦片战争的 1840 年。白方为周小松。白 35 的碰、白 79 之后 85 定形、87 位的攻击等等，都凸显了周的技艺与大局观。

《寄青霞馆弈选》中收入了周小松的五十六局棋谱，收入了陈子仙的七十三局棋谱。其中，陈子仙与周小松的分先棋有二十一局，相比于其他棋士，他二人间的对局明显占多数。

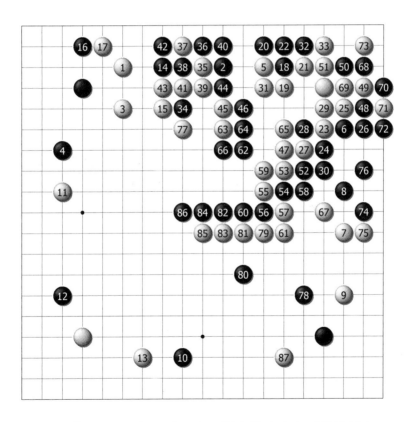

总谱（1—87） 以下略 周小松（白）对僧秋航

下面是晚清大国手周陈之间对决的一局。

第1谱 周小松执白棋。白21以下至25止争得先手，转向左上27位挂。黑40的打入，好手。白41以下，白失败。

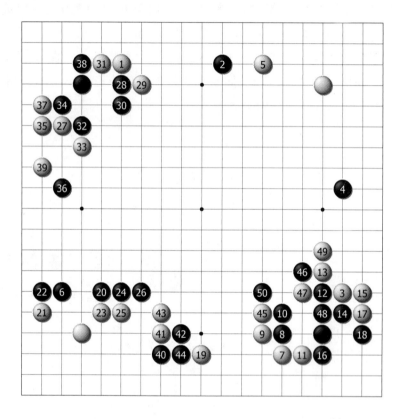

第1谱（1—50） 周小松（白）对陈子仙

第2谱 白93，之前从未有过的构想。由于以前重视战斗力，因此不愿遭到封锁，行棋趋向中央的倾向非常显著。为什么作战的主体思想发生了转变，出现了诸如白93那样竟着眼于二线的下法？可以想到的理由只有一个。

清朝那个时代的棋局，几乎可以说都是赌棋。赌棋的彩金，有时是对局者自己掬，有时是对局的组织者一个人或几个人合伙出。赌钱的方式有两种，一种是只以一局的胜负定输赢，一种是"目碁（子数）"。所谓"目碁"就是不仅仅以一局的胜负，而且还要将输赢的目数，作为赌金多少的计算考虑。

在涉及"施范"对战时曾经说明过的，因此才会尽管已有二十目或三十目的差距，依然不投子而坚持弈至最后。鉴于此，故不能认为清代那些具有代表性的大国手们都很顽强，其实是缘于"目碁"。

然而，晚清的大国手们赌的似乎只是棋局的胜负。江铸久认为，若考虑"目碁"的话，下法将明显不同于白93。

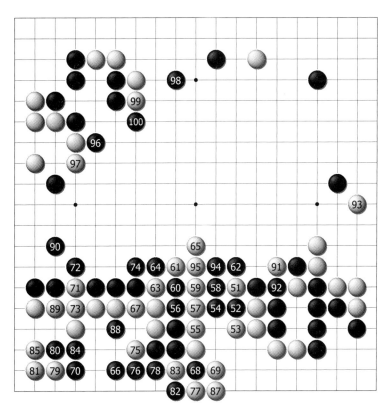

第2谱（51—100） 86=68

第 3 谱 前谱白 91 之后，白棋巧妙地处处争先。白 23 之后 27 位断是手筋。黑 24 若 31 位补的话，白 37 位打，黑将动弹不得。不甘示弱，黑 24 反击。但是，白大获成功。黑 24 手只能 33 位补。

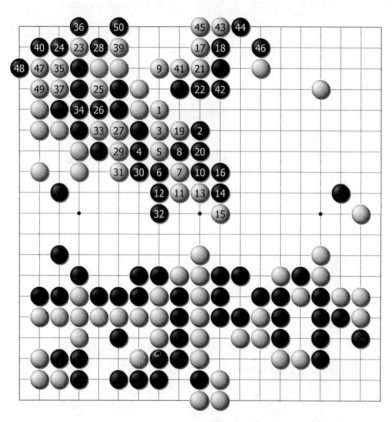

第3谱（101—150） 38=㉓

第4谱 黑56活净，左上的战斗告一段落。白抢到了57位的拆兼逼，白优势。白63，疑问手。白63手走68位以下的扳粘很大。实战因黑66、68，下边一带的白大块棋眼形不稳。继之，影响由右边又波及到了右上角，结果发生了逆转，最终执黑的陈子仙获胜。

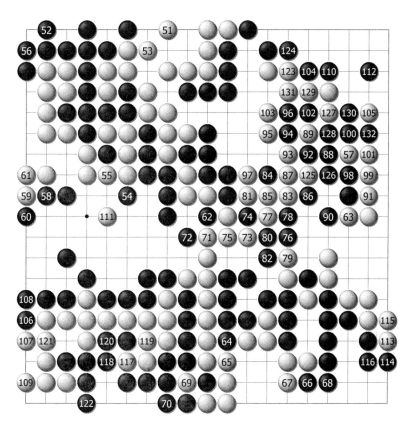

第4谱（151—232）

101

红白相映的对局风趣

被称之为"晚清双璧"的大国手周小松与陈子仙，在发生鸦片战争的 1840 年期间，显露出了头角。那时，周年过二十，陈则还是十几岁。江铸久一直以来视周小松为清末的国手，此番将《寄青霞馆弈选》中收录的"周陈"之间的二十一局对局重新复盘，对陈子仙却有了新的评价，"或许还是陈要稍强一些吧……"

陈子仙，生于浙江省杭州市东北约五十公里的海宁，本名毓性。具体出生年份不详，根据资料做推测，大约在 1820 年代初期吧。海宁是清代围棋的巅峰人物范西屏与施襄夏的出生地，棋风最盛。十三岁时，其父与人对弈，在一旁观战的陈子仙出言相助，使败相毕露的陈父实现了大逆转。自此之后，他便被视为"继施范之后的天才少年"，名声大噪。

"陈子仙，自幼便非常喜欢围棋，少年时便已拥有了国手的实力。早年，其父曾带他前往江苏省常州，与国手董六泉对弈。当时，年已高龄的董六泉发白似雪，少年子仙则红丝挽发，一红一白，一老一少，临枰对弈，如此对比鲜明的画面，真是别有一番情趣。"

蜀蓉棋艺出版社出版的《中国围棋》一书中，如上介绍了这段趣事。原文的"一红一白，相映成趣"之语，活脱脱地再现了这幅色彩丰富的童叟对弈图。幸运的是，董六泉与陈子仙的对局谱，《寄青霞馆弈选》

中也收录了六局。由于对局的年月日均无记载，因此是否便是前述那段
时间的对局便不得而知了。并且，在《寄青霞馆弈选》中，"董六泉"
记为"董鹿泉"。普通话的"六"与"鹿"的发音并不难区分，但在吴
音中，两者的发音却是相同的。在此专意提出此点，似乎也只是能够告
慰九泉之下的董鹿泉而已吧。

周小松的《餐菊斋棋评》中，采用了董六泉与陈子仙的一局棋。我
们就一边介绍周小松的"棋评"，一边来欣赏这一局吧。

第1谱 董的白棋。黑6应于A位。在此局面下，如谱黑6不适宜
（这或许是当时的布局观吧）。白29下得过分，应于69位一带拆逼。
白63至67止落了后手，无趣。白63手应于B位并撞。黑88手应94位
打，实战走成白89以下至99，白好。

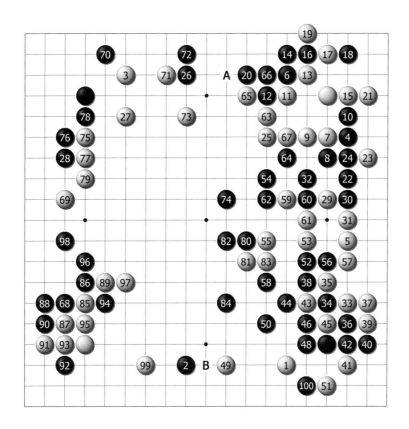

第1谱（1—100） 董鹿泉（白）对陈子仙 ㊼=③④

第2谱 黑2应A位靠压。黑2以下虽然掏掉了下边，但被白19、21冲出，黑的劣势已是显而易见。白81位吃住左边黑八子，双方的实地差距拉大。

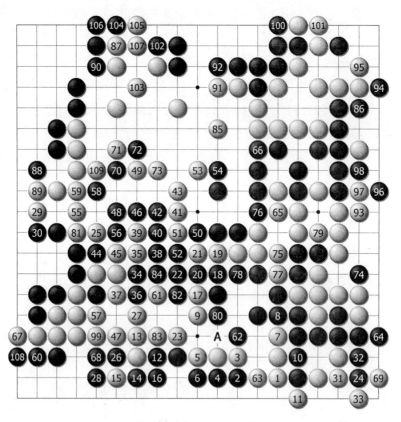

第2谱（101—209）

104

以下，江铸久将评讲陈子仙与周小松的一盘对局。

第1谱　陈的白棋。黑10的着手在当时尚属罕见。白27的时机绝好。至白37止，白棋不同寻常地好。

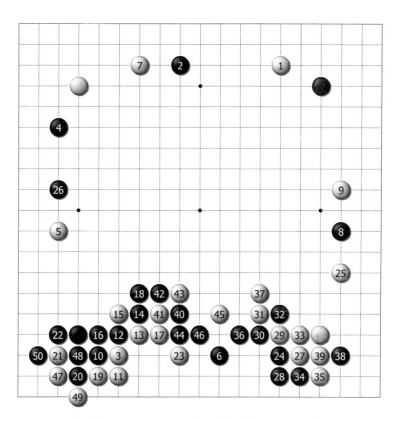

第1谱（1—50）　陈子仙（白）对周小松

第2谱 白67、69，手筋。黑70令人有联想到现代棋的感觉。陈对局面的形势判断，的确非常的明快，白93、95厚实地围。白A位扳出，将一举奠定胜势，这就是白97、99之后的进程。

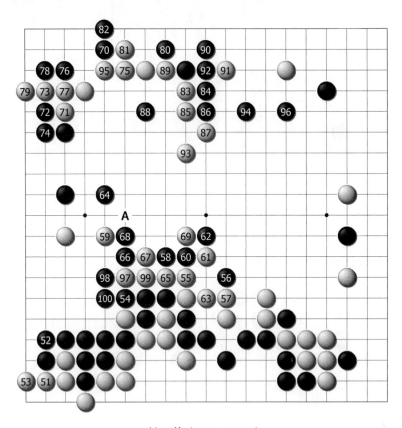

第2谱（51—100）

第3谱 白1、3动出，之后漂亮地结束了对局。

在周小松的《餐菊斋棋评》几乎完成的1871年，他的好对手陈子仙突然辞世。据说，周匆匆将悼文添加进《餐菊斋棋评》。在平和淡然的棋评之间，唯有这篇悼文，宣泄出周小松对已然逝去的这位枰上宿敌的激荡情感，令人瞩目。

"同时对手，子仙年最少，知名亦最早。余长之不及十年，少时即与剧弈，不下百数十局。庚午同客皖上，重得交手，盖别已二十年矣。相聚甚欢。辛未各以事归省。比重来，方日盼其至，乃竟以滞下痢，于是秋下世，年未五十，惜哉！"

下篇的焦点将对准出生于江苏省扬州的周小松，讲述他在动乱的清末，拒绝迎合权势的故事。

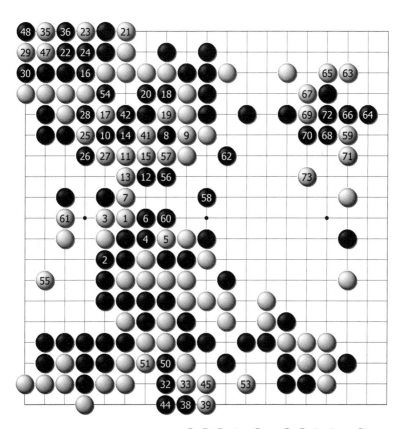

第3谱（101—173） ㉛㊲㊸㊾=㉕ ❸❹❹❺=❷

周小松的杰作谱

　　被人称为"晚清双璧"的大国手周小松与陈子仙生于 1820 年前后。1840 年鸦片战争爆发。过了十年之后，太平天国又起。因此，他们是社会进人动乱时代的国手。

　　"周小松之纯粹如白炽燃烧的烈焰，棋品高尚，从不阿谀富贵，逢迎权势。并且，自律甚严，为人谦虚。"

　　在 1884 年刊行的《弈潜斋集谱》中，邓元锗极力称赞周小松。关于周小松，有这样一个故事。

　　清末学者官僚的代表人物曾国藩，认为接受基督教影响的太平天国势力是对儒教的挑战，因而组织了"湘军"，这个故事大概就发生在这个时期。曾国藩请周评解"当湖十局"，周小松认为，清代围棋的巅峰人物范西屏与施襄夏，竭尽全力成就了"当湖十局"，对此评释实在是难以胜任，况且不耗费足够的时日研究，终难究其明理，因而拒绝了。

　　"湘军"镇压了太平天国之后，曾国藩请周小松下棋，周让他九子。结果，曾的棋被分割成为九块。通常的对局，也就四五块相互独立的棋吧，若被分割为九块，那定然是七零八落，只能两眼成活的。不用赘言，定是一幅惨不忍睹的景象。据说，怒起心头的曾国藩最后竟分文酬劳未与。

　　棋界对于不畏权势的周小松却大声喝彩。九子局便被分为了九块儿，数字相合，这大概是故事的夸大之处吧，听起来更加的有趣。

周小松于1817年完成了《餐菊斋棋评》，在其中插入的有关恸哭陈子仙的追悼文，曾在上篇中做过介绍。《餐菊斋棋评》选取了清末具有代表性的十七位棋士的棋谱，倾注心血的周对每一局都添加了注释。与徐星友的《兼山堂弈谱》一起，同被视为清代的具有代表性的对局谱集，获得了高度的评价。其中的最后四局，为周陈之战。不用多说，周自然会考虑选用自己的代表作。以下介绍的对局中，周陈二人均全力以赴，展示出激烈的战斗场面。

第1谱 陈子仙执白棋。黑16的碰以下，为清时代的定形。

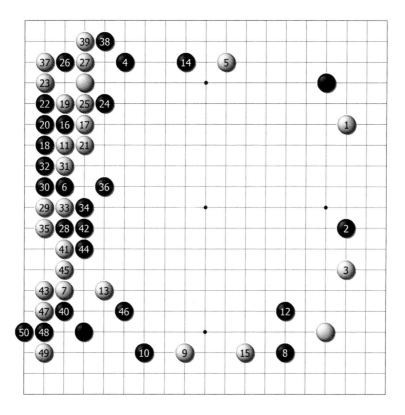

第1谱（1—50） 陈子仙（白）对周小松

第2谱　江铸久认为，黑72过分，白73以下至81施以极大的压力。白91的穿象眼是战斗的手筋。

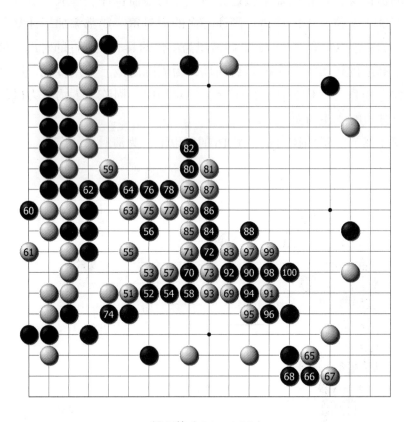

第2谱（51—100）

第3谱 此后，白7吃住黑三子，很厚，应是白领先的局面。然而，刚刚建立了优势，白25的跳却脱离了主战场，成为偏离目标的缓着。白25应于26位压出，只此一手。实战的黑26、28先手定形，心情好极。白25，可谓一着不慎，致使局面倒向了黑棋。

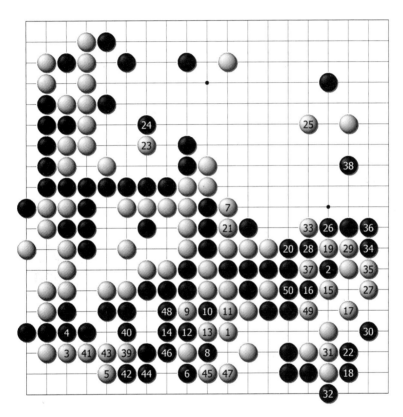

第3谱（101—150）

第4谱　白55位长出，以求搅乱局面。黑56以下形成劫争。江铸久认为，黑62、64以下，周小松发力了。而且，黑82、88是自得的劫材。结果，黑82、88成为本局决定胜负的关键，循着此后棋局的流向，即可清楚地明白这几乎近于胜着。

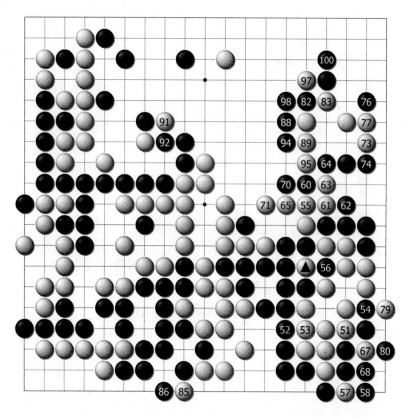

第4谱（151—200）　㊾㋇㋕㋙㋘㋝㊾=▲　❻❼❽❽❾❾❾=56

第 5 谱　绵延不断的劫争持续着，面对陈子仙顽强的抵抗，黑 36、38 冲断后黑 40 是锐利的手筋。白 43 粘时，黑 44 位粘回了重要的黑二子，黑胜的局面已不可动摇。结果，右边形成了双活。接下来，黑 106 以下至白 109 又在左下角形成劫争。黑 138 时，白棋的劫材已尽。当时的棋谱上，关于最后的结果没有任何的记录，或许最终投子了吧。

本局是周小松的杰作谱，陈子仙也是竭尽其所能加以施展，故应为晚清具有代表性的一局吧。

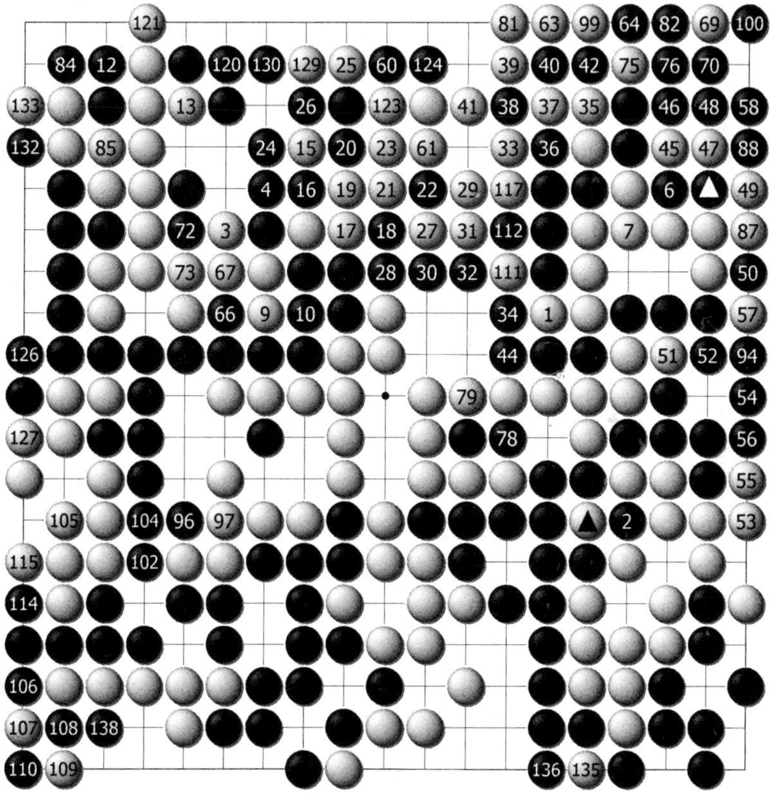

第5谱（201—338）　338手完　黑胜

8 14 62 68 74 80 86 92 98 103 = 2　5 11 59 65 71 77 83 89 95 101 = ▲

43 = 38　90 = 6　91 = △　93 = 50　94 = 60　118 = 111

113 119 125 131 137 = 107　116 122 128 134 = 110

清代中国围棋的特点

　　迄今，已经连续多篇介绍中国清代的国手们，以及他们的对局。清代的布局，具有接触非常早、挂星不应、沿边展开这样的极其显著的特征。

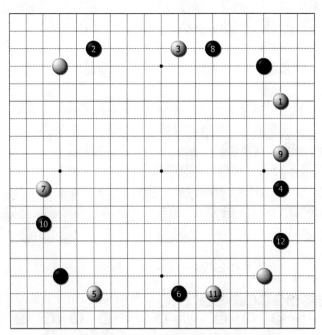

1图（1—12）　范西屏（白）对施襄夏

114

1图 本局是清代的顶尖棋士范西屏（白）与施襄夏的开局。自活跃于十八世纪前半叶的"施范"以降，直至清末、民国初年，大致上布局都是如此展开的。白3、黑4、黑6，直至白7，都体现出了对边的重视。并且，黑8的大飞应，也是自十二世纪初《忘忧清乐集》刊行以来，一股劲儿地用到了十九世纪初为止。

在宋朝时刊印的《忘忧清乐集》，以及明朝的1524年刊印的《适情录》中，列举了如**2图**的定式、3图及4图的镇神头、5图的倒垂莲、6图的倚盖（压长）那样的许多定式。特别是2图的黑1、3之后，对于白4，有黑A位的跨出，以及黑B位的尖顶以下的变化。白4手于A位尖、黑C位应以下的变化也在《适情录》中做了详细的介绍。

3图黑1的镇就是"镇神头"。3图白2的应，及**4图**白2位靠，演示了相应的变化。并且，对**5图**黑1的肩冲（倒垂莲），白2、4为主要的变化。接下来，黑A位挡住，还是黑征子有利的话黑B、白C、黑D呢？在**6图**黑1、3压长的场合，白8、黑9时白A位并撞的话，将引发战斗。此外，黑3手于B位断导致的变化，还有**7图**黑1、3的压扳等等变化，

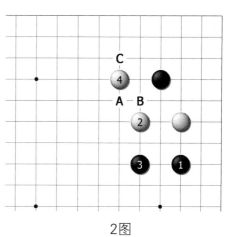

2图

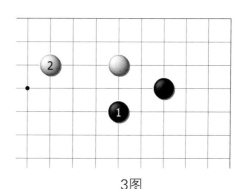

3图

4图

都做了演示。

直到明末清初，即十七世纪前半叶，依然可以见到镇神头、倒垂莲、6图黑1、3的压长等等实战例。于1719年刊印了清代标志性名著《兼山堂弈谱》的徐星友，对明末清初的国手过伯龄，进行了如下这般严苛的评价。

"过伯龄的棋，贯一生都以压长（倚盖）为其特征。宛如那万里长城一般，一股劲儿地就是接连不断地压长，故他的布局沦于单调。"

另外，过也使用"镇神头"的手法。

不过，从十七世纪初开始，1图那样的重视边的布局成为主流，8图白13、15的先压后挡屡屡出现。单独的白13、15，或者作为应对黑A位的双挂之策，先压后长。8图是1图"施范"对局的继续。自十七世纪初至十八世纪，1图之后的边路作战方法取得了令人瞩目的进步。中国的对局，自8图白13、15，或者说是自白29的碰

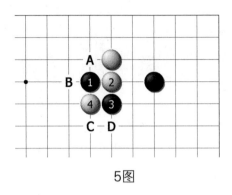

5图

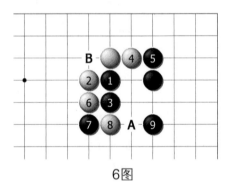

6图

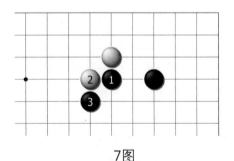

7图

那样的着法出现后，开始进入到全面战争的时代，其最大的特点便是边角之地，往往演化成大会战的展开。

十七世纪后半叶到十八世纪初这段时间，在日本，道策正在探究布局理论，开辟着新天地。在中国，则通过施范二人构建了新的战斗基理。尽管都是弈棋，其实质却犹如油与水那般的不同。

的确，由于采用的是"分先座子制"的棋规，中国围棋的布局受到

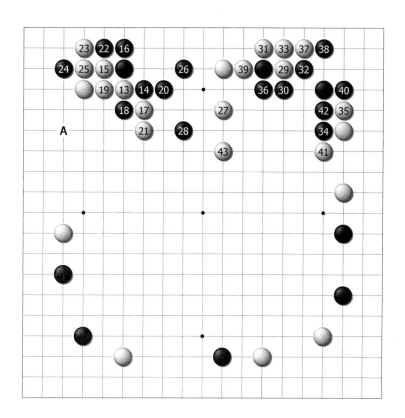

8 图（13—43）

了限制。而且，因为"还棋头"的规定，故轻视角地而重视棋子之间的联络，对局主要着眼于边及角的战斗。除了这些规则上的差别还有一个原因，即清代的对局不仅是争棋局的胜负，而且主要是以输子数将会影响赌金多少的"目碁"为主。由于清末国手陈子仙与周小松所弈对局并非目碁，因此二人的对局态势以稳妥居多。

将清代的围棋与同时代的日本围棋进行比较，规则与对局当时所处的背景方面的不同，恐怕便是产生如此差异的原因吧。结果，便是"定式无用"之说，这实际上体现了清代中国围棋的特质。

最后，还要提及一下迄今在日本被屡屡例举的"镇神头"。唐朝国手顾师言与日本王子对局的情景，通过《杜阳杂编》之类的书籍，流传了下来。作为一着解消白 A 与白 B 双征的治孤妙手，即便是在日本，"镇

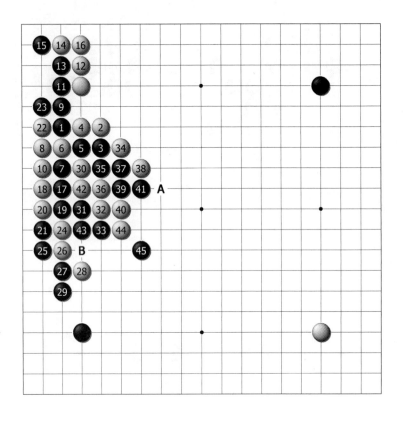

9 图（1—45）

神头"也常常为人所乐道。此手，便是 9 图的黑 45。据说，为此"神来妙手"击败的王子问道，"你是贵国排名第几弈者？""三位。""想与一位者对局。""要待与三位、二位弈过。"王子叹道，"小国第一尚不敌大国第三呀！"

所谓"镇神头"，应为 9 图白 2 的镇。至 9 图黑 45 止，应是其变化的一型。也许是在日本，9 图白 2 的"镇神头"不知在何时何处，变成了"神来之手"的黑 45 了！这也算是历史的风趣之处吧！

下篇将介绍《寄青霞馆弈选》续八卷的《日本弈谱·琉球弈谱》，希望您能喜欢！

充满谜团的《琉球弈谱》

截至本篇，按照年代的顺序，以江铸久与大岛共同研究的形式，介绍了自明末清初到清末民国初年止，大约四百余年期间的中国清代系列国手。

最早版本的《寄青霞馆弈选》于光绪二十三年（1897 年）成书，全十六册（正八册、续八册）中，收录了清代国手的分先棋五百八十局，定先棋七局，受二子棋一百七十七局，受三子棋五十七局，受四子棋二十七局，共计八百四十八局的宏大的对局谱集。另外，《续·八卷》为《日本弈谱》与《琉球弈谱》，计收录江户时代的日本对局二十四局，琉球对局十二局。

本篇与下篇，将通过以"收集并研究江户时代棋谱无出其右之人"闻名的福井正明八段的协助，以《续·八卷》为主题，总结一下《寄青霞馆弈选》。

首先，由《日本弈谱》着手。在第一局的栏边，注明了这二十四局的出处：

"原日本弈谱刊行于文化五年（即中国的嘉庆十三年），编著者元美先生收录的对局约百局，谱集共四卷。由中，选录了二十四局。"林元美的全四卷《碁经连珠》（收录百局），由青藜阁刊行。究竟由何途

119

径传至大清的并不清楚，但确是日本弈谱这一点则毫无疑问。

不可思议、不可理解的是《琉球弈谱》。事实上，关于《琉球弈谱》的十二局，充满了令人疑惑之处。首先，要将《琉球弈谱》十二局的对局者姓名排列出来，接下来将按"已明部分，不明部分"分别加以分析整理。

序数	对局者		棋格	手数
<1>	津波	元才		至 80 手
<2>	津波	元才	对子（互先）	至 105 手
<3>	津波	元才	对子	至 151 手
<4>	津波	元才	对子	至 255 手
<5>	宫城	祝岭	对子	至 233 手
<6>	宫城	祝岭	对子	至 258 手
<7>	孙思忠	杨光裕	三子	至 181 手
<8>	孙思忠	杨光裕	三子	至 174 手
<9>	孙思忠	向盛保	三子	至 208 手
<10>	孙思忠	向盛保	三子	至 197 手
<11>	孙思忠	武邦瑞	三子	至 32 手
<12>	孙思忠	武 邦瑞	三子	至 165 手

篇尾棋谱所示为 <1>。对于《琉球弈谱》，也像《日本弈谱》那样，同样注明了出典。

"右中山弈谱十二局，琉球国弈（国手）孙小文辑著，同治己巳年（1869），荫庭（位于今福建省福州近郊）吴君刻于闽中。录存以备传世，琴城谭其文（《寄青霞馆弈选》的编者）注记。"

解开《琉球弈谱》谜团，只能是依靠对局者的姓名、棋格、手数以及谭其文的注文这样一些现有的信息。还有一个线索，便是《日本弈谱》中收录的对局，无论分先棋或定先棋的棋谱，都是由白方先行。这一点遵从的是中国的下法，与《碁经连珠》的黑白相反。并且，因为互先总是记录为"对子"，定先记录为"先"，对于《日本弈谱》的相关之处，比照《碁经连珠》，大部分均可判明。搞不清楚的只有《琉球弈谱》的部分。最初，大岛便注意到了"津波"。

"随蒋世德（津波古亲云上元重）、尚文（佐敷王子朝益）赴京都。

即时，萨州的伊势氏，强劝元重受二子与本因坊对弈。最终师从本因坊习弈，悉心传授围棋秘籍而归。"（角川书店出版《球阳》译读）

《球阳》是琉球的国书之一。上文说的是尚丰王（1621—1640，为中山王即琉球王）的时代，津波古受二子与二世本因坊算悦（1611—1658）弈棋，之后又以某种形式入坊门成为弟子。受二子与算悦弈，恐怕应该具有相当强的棋力吧。因此，试想有无在《寄青霞馆弈选》中将"津波古"记作了"津波"的可能性。

大约在四年前吧，机缘巧合，得以将棋谱请福井正明八段一观。看罢之后，福井道："这是谁和谁的棋谱？黑白都颠倒啦！"看似朦胧的一丝光亮消失了，大失所望之下中止了继续的探求，还是自己的本领不济呀！

此番，再次采访福井，确认了 <1> 为二世安井算知；<2> 为道策与知哲；<3> 为算悦与算知，六番棋的第四局；<4> 为道策与算哲；<5> 为丈和与山本源吉；<6> 为丈和与知得：丈和在六段时，定先挑战知得八段，结果二目胜。至今尚流传着一段佳话，当时知得绞尽脑汁，想方设法力求少输一目，但是终未寻到良策。此局作为古今名局，非常有名。

那么，究竟为什么要将上至安井算知（1617—1703），直到本因坊丈和(1787—1847)的棋谱都换为津波、元才、宫城、祝岭的对局者名称呢？

对于第一个奇怪之处，大岛试做推理。为此，首先应该考虑孙小文为何许人吧！

棋谱中，距今最近的是1820年下的 <6>（第六局）。在那之后，或是由琉球海路，或经朝鲜半岛，或自长崎出发渡海，最后棋谱传到了中国。按照常识性考虑的话，自琉球带至福州的可能性极高。当时，琉球与中国清朝的贸易是以福州为窗口。而且很久以前，在利用丝绸海路进行贸易立国的琉球的久米村，便居住着中国人了。

从被修改了的最晚的棋谱 <6> 弈于1820年、《中山弈谱》成书于1869年等等这样一些线索分析，编辑整理《中山弈谱》的孙小文有生之年可谓是用心良苦。由谭其文的注文及当时的现状推断，孙小文应是移居琉球的中国人的后裔，往返于琉球与福州之间，经营贸易。无论是在琉球还是在福州，他都应建有居所。对局者姓名被改过的理由可能有两个，一个是他拿到的棋谱是手书的，对局者的名称已被写作"津波、元才"

等等的情况。另一个是不管是手书还是版书，后将对局者姓名更改的情况。后一个情况的考虑，大概是因为不愿使中国人了解到琉球围棋的真正实力吧。虽然如此推定似开玩笑，不过也只有大岛一人是这样考虑的。

不管怎样，《中山弈谱》的十二局中，六局是江户时代的棋谱。这样的话，就只有其余的六局受三子局是琉球的棋谱。

"三子局的上手孙思忠，并非寻常弈者，下手的棋力也很强。孙思忠对棋局的把握已超出了业余的范畴，达到了专业的水准。"

这是摆过六局棋谱之后，福井正明的感想。下篇将探讨这六局，望诸君喜欢。

另外，孙思忠与琉球国手孙小文，这二人或许是父子。就目前而言，与此相关的资料太少，若有知情者，望不吝赐教。

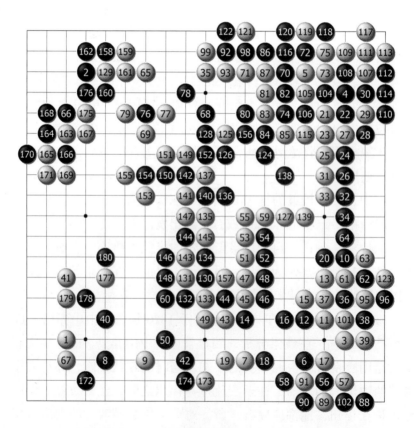

全谱（1-180）　　94⑩=56　97=91　103=95

122

孙思忠是完全的专业棋士

　　《寄青霞馆弈选》的《续·八卷》是《日本弈谱·琉球弈谱》。在《琉球弈谱》选用的十二局对局中，六局应是江户时代的道策等人的棋谱。关于这一点，在前面已经指出了。为什么道策等的棋谱被私下改为"津波""元才"之类的对局者姓名，因目前掌握的资料不足，这个谜依然难以解开。总之不管怎样，琉球的棋谱仅有下面的六局。

序数	对局者		棋格	手数
<1>	孙思忠	杨光裕	三子	至181手
<2>	孙思忠	杨光裕	三子	至174手
<3>	孙思忠	向盛保	三子	至208手
<4>	孙思忠	向盛保	三子	至197手
<5>	孙思忠	武邦瑞	三子	至132手
<6>	孙思忠	武邦瑞	三子	至165手

　　与这六局有关的人有六位，四位对局者除外，还有作为《琉球弈谱》原本的《中山弈谱》编辑人、琉球国手孙小文，以及于1869年将棋谱付梓的荫庭（福建省福州近郊）人吴氏。

　　在孙小文及吴氏生存的时代，工于心计达到了相当的程度。在对局者姓名被私下修改的六局中，最新的棋谱"丈和·知得"之战弈于1820年。

另一个线索是孙小文与孙思忠的关系。编辑《中山弈谱》，就是为了使孙思忠的棋谱能够流传于后世；以及由同为孙姓推断，存在血缘关系的概率极高。或是父子，或是祖孙，或者有着某种其他的血脉因缘吧。要了解这一点的线索有两个，一个 是《中山弈 谱》的刻本或原稿的发现，百多年前付梓的《寄青霞馆弈选》处于存世极少的状态，那样的话将会是奇迹的发现。另一个线索便是孙思忠。之后，将会介绍福井正明八段的解说，孙思忠是已具相当实力的弈者。其他文献上的记载，也对此说加以了佐证。

另一位令人注意的人 物是武邦瑞。福井认为，唯有 <5><6> 两局，孙思忠才表现出了明显的斟酌、顾忌的样子。也许，局中流露出老爷派头的武邦瑞，就是孙思忠与孙小文的赞助人呢！

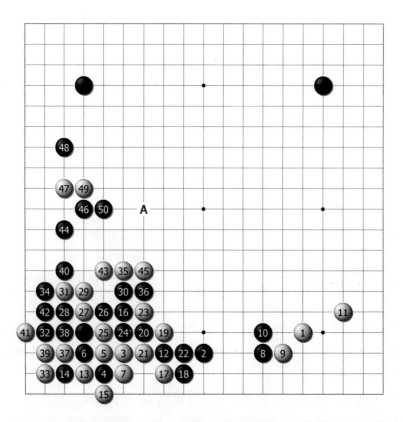

第 1 谱（1—50）孙思忠对向盛保（三子）

124

那么，孙思忠的本领究竟如何呢？福井认为，"已经完全超出了业余的范畴！"

第1谱　此为孙思忠与向盛保的三子局。在福井看来，白13、17、19、35、37、47，都是非常自然的职业着法，毫无牵强之感。福井对于白47等，认为"颇似酒井猛九段。视酒井为岛流（使自学的话），说的就是这般的棋吧！"白47若着于A之类，三子局的妙味就都丧失啦。

第2谱　白55、57的手筋，瞄着白59的先手。之后，下手的一方始终在奋战。仅就以如此的对手为下手、受三子对弈这一点来看，孙也绝非等闲的弈者。

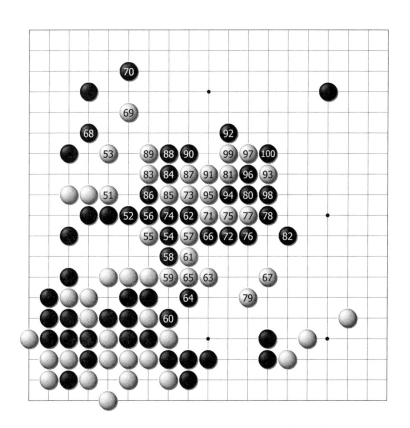

第2谱（51—100）

第3谱 本局的棋谱录至第3谱的白97，接下来大致会是黑A、白B黑C这样的吧，至此的形势非常之微细。

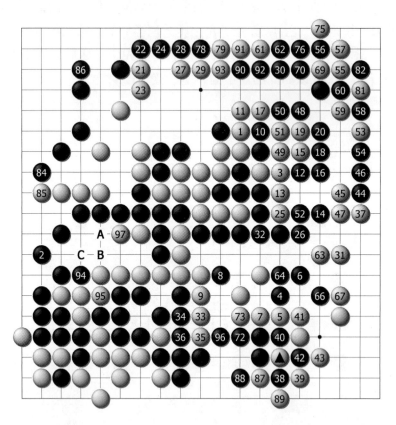

第3谱（101—197） ㊻㊶㊺㊴ = ▲ ❻❽❹⓿ = ㊸

另外，再推荐 <1> 孙思忠对杨光裕（三子）的这一局。

第1谱　本局是孙与杨光裕的受三子局，并且也是按日本的规则置子的三子局。在六局三子局中，其余的四局均是按中国的规矩，将黑△子放在A位的天元处。本局推荐的是黑94、96压长后的98手，因为福井的评解为，"凭借自身之力量，可下。下手也很强。"请诸君务必对此加以领会。

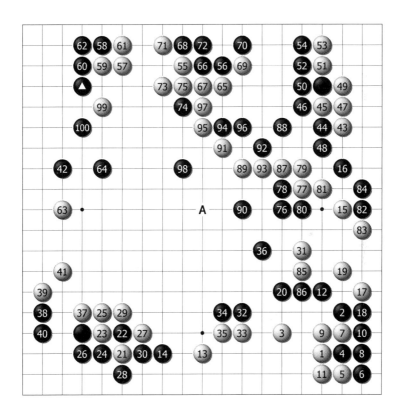

第1谱（1—100）　孙思忠对杨光裕（三子）

第2谱　本局至白81，形势应是白棋4目或5目胜吧。

"没有任何的信息，连势均力敌的对手都没有，凭自身之力而达如此之强，了不起！完全是职业棋士呀！"

希望以福井的这段话，作为对《琉球弈谱》的总结。《琉球弈谱》中依然留有重重的谜团，那是留待我们今后给予解答的课题。

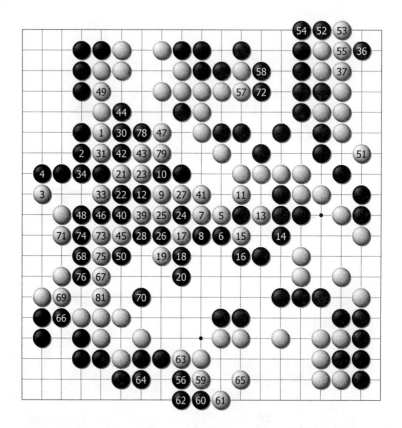

第2谱（101—181）　㉙㉟⑦ = ⑰　㉜㊳⑳ = ❷❹

128